AF470030

MON NEZ

MES YEUX, MA BOUCHE

VAUDEVILLE EN TROIS ACTES

PAR

MM. SIRAUDIN, CHIVOT ET DURU

Représenté
Pour la première fois à Paris, sur le théâtre des Variétés,
le 1er décembre 1858

PARIS
LIBRAIRIE NOUVELLE
BOULEVARD DES ITALIENS, 15

A. BOURDILLIAT ET Cie, ÉDITEURS

1859

PERSONNAGES

—

PANOUFLE, ancien avoué	MM.	LECLÈRE.
BAVOLET, professeur de piano. . . .		RAYNARD.
CHARANÇON, homme d'affaires. . . .		CH. POTIER.
VAN-TRUFFEL, Hollandais.		BLONDELET.
BALTIMORE, Américain.		ÉMILE THIERRY.
VOL-AU-VENT, aubergiste		DELIÈRE.
JOSEPH, garçon d'hôtel.		HECTOR.
UN AGENT		VIDEIX.
UN DOMESTIQUE		OGEZ.
UN AUVERGNAT.		THÉODORE.
LA COMTESSE DE LAS BERGAS . .	Mlles	BOISGONTIER.
MADAME CHARANÇON.		SOPHIE.
HENRIETTE, nièce de Panoufle. . . .		ROSE DESCHAMPS.
PHRASIE		FÉLICIE.
MARIETTE, femme de chambre. . . .		MADELEINE.
ENFANTS.		
INVITÉS DES DEUX SEXES.		
AGENTS.		

—

Toutes les indications sont prises de la gauche et de la droite du spectateur. — Les personnages sont inscrits en tête des scènes dans 'ordre qu'ils occupent au théâtre ; les changements de position sont indiqués par des renvois au bas des pages.

MON NEZ
MES YEUX, MA BOUCHE

ACTE PREMIER

Un salon à Fontainebleau, hôtel de l'Orange. — Deux portes à droite, deux à gauche, une cinquième au fond. — Sur le devant, à droite, une table sur laquelle il y a une bouteille de madère et deux verres de chaque côté de la table. — Une chaise. — Une causeuse à gauche. — Autres siéges au fond.

SCÈNE PREMIÈRE

BALTIMORE, VAN-TRUFFEL.
(Ils boivent, assis à la table à droite.)

BALTIMORE.

A sa santé !

VAN-TRUFFEL.

A sa santé !

BALTIMORE.

Quelle femme magnifique !

VAN-TRUFFEL.

Quelle splendide créature !

BALTIMORE.

La première fois que je la vis, je m'écriai : Cette femme sera à moi !

VAN-TRUFFEL.

A sa première vue, je m'en suis dit autant...

BALTIMORE, soupirant.

Et depuis six mois...

VAN-TRUFFEL, reprenant.

Nous ne sommes pas plus avancés que le premier jour...

BALTIMORE.

C'est votre faute.

VAN-TRUFFEL.

Ou plutôt la vôtre... Vous me contrecarrez dans mes entreprises.

BALTIMORE.

Vous êtes toujours sur mes pas...

VAN-TRUFFEL.

Mais n'importe !... je lutterai ! Je suis Hollandais, et quand j'ai mis quelque chose dans ma tête...

BALTIMORE.

Moi, je suis Américain... et dangereux comme un revolver... Je sèmerai l'or...

VAN-TRUFFEL.

Moi, les ducats !

BALTIMORE.

C'est moi qu'elle choisira.

VAN-TRUFFEL.

Ça sera moi !

BALTIMORE.

Ah !... il est bien entendu... que dès l'instant qu'elle se sera prononcée en faveur de l'un de nous... nous nous empresserons... de nous entre-tuer...

VAN-TRUFFEL.

C'est convenu !...

AIR : *Tenez, moi, je suis un bonhomme.*

Soyons féroces, intraitables,
Quand viendra le moment fatal ;
Mais restons ennemis aimables...

BALTIMORE.

Bien dit... C'est plus original.

VAN-TRUFFEL.

En attendant que vienne l'heure
Où le prix sera disputé...

BALTIMORE.

En attendant qu'un des deux meure,
Oui, buvons à notre santé !

> (Ils boivent et trinquent.)

VAN-TRUFFEL, se levant.

Notre belle Andalouse n'a pas encore paru... voulez-vous... faire un tour dans la forêt...

BALTIMORE, se levant.

Volontiers. (Il lui prend le bras et dit à part.) Dire que je serai peut-être obligé de le massacrer, cet excellent Van-Truffel...

VAN-TRUFFEL, à part.

Quand je pense que je serai peut-être forcé de lui casser quelque chose, à ce bon Baltimore!... (Haut.) Allons!...

BALTIMORE.

Allons!...

(Au moment où ils vont sortir, ils sont arrêtés par Phrasie, qui entre par le fond.)

SCÈNE II

LES MÊMES, PHRASIE.

PHRASIE, d'un ton pleurard. *

Ah! messieurs... vous ne l'avez pas vu?

BALTIMORE.

Qui ça?

PHRASIE.

Crochard...

BALTIMORE.

Connais pas!... Demandez au garçon... Venez, vous, cher ami.

(Van-Truffel et Baltimore sortent par le fond, bras dessus, bras dessous, au moment où Joseph arrive par la deuxième porte à droite.)

* Phrasie, Baltimore, Van-Truffel.

SCÈNE III

PHRASIE, JOSEPH.

PHRASIE, à Joseph.

Ah ! jeune homme !...

JOSEPH.

Voilà, madame !... Que désire madame... un appartement... un dîner...

PHRASIE.

Non !... je désire Crochard !... Où est-il ? l'avez-vous vu ?...

JOSEPH.

Crochard, un garçon d'ici ?

PHRASIE.

Oui... un garçon... mais pas d'ici... il est de Tours... Je cours après lui... On m'a dit qu'il était à Fontainebleau, et peut-être est-il descendu dans cet hôtel.

JOSEPH.

Pas encore ! madame, mais il viendra...

PHRASIE.

Ah ! merci !... Vous êtes bon, vous... vous avez pitié de ma douleur... merci !... Je vais retrouver mes trois enfants... que j'ai laissés sur le pas de la porte !... Surtout, prévenez-moi, si Crochard arrive.

JOSEPH.

Soyez tranquille...

(Phrasie sort par le fond.)

JOSEPH, allant à la table sur laquelle sont restés la bouteille et les verres.

Tiens !... il y a un fond de madère... voyons donc !... (Il se verse.) J'aime assez le madère !...

(Il boit.)

SCÈNE IV

VOL-AU-VENT, JOSEPH.

VOL-AU-VENT, entrant par la deuxième porte à gauche et lui donnant son pied au derrière.

Comment le trouves-tu ?

(Il porte trois tableaux.)

JOSEPH.

Aïe ! je le trouve un peu fort !

VOL-AU-VENT.

Qu'est-ce que tu fais là ?...

JOSEPH.

Patron... je rince les verres...

VOL-AU-VENT, le faisant passer à gauche.

Gourmand !... Allons ! voyons... aide-moi... essuie ces toiles.

JOSEPH. *

Oui, patron !

(Il prend les trois tableaux que Vol-au-vent avait sous le bras et les essuie en les tournant vers le public. Le premier tableau représente un jeune homme en costume de nos jours ; le second, le même portrait, mais revêtu d'un costume espagnol ; le troisième ; le même encore, mais habillé en Suissesse.)

VOL-AU-VENT.

L'histoire de ces trois portraits est assez singulière...

JOSEPH.

Ah !

VOL-AU-VENT.

Mais je ne te la raconterai pas... Si, au fait... ça sera ta punition... L'an passé, un artiste peintre vint loger chez moi... Il fit une certaine dépense... et lorsque arriva le quart d'heure de la facture... il me dit ces mots : Monsieur Vol-au-vent... je n'ai pas un sou pour payer ma carte, mais je vais vous laisser en payement ces trois portraits, et si dans deux mois... je ne vous ai pas soldé... vendez-les... Je le laissai partir...

JOSEPH.

Et vous gardâtes ces toiles ?

VOL-AU-VENT.

Et je gardâtes les toiles !... C'est aujourd'hui qu'expire le délai fixé... et je vais tâcher de les placer

---

* Joseph, Vol-au-vent.

avantageusement... Déjà, ce matin, un amateur... lorgnait la Suissesse...

JOSEPH, qui a examiné les portraits.

Oh! patron... Est-ce étonnant!

***VOL-AU-VENT.**

Quoi donc ?

JOSEPH.

C'est tous les trois la même tête...

VOL-AU-VENT.

C'est vrai!... Mon récit... a une *coda*... la voici telle que me l'expliqua le jeune peintre... « Les modèles sont rares et chers, me disait-il... » et comme il était toujours dans cette position qui tient le milieu entre la misère et la débine... il avait trouvé tout naturel de peindre sous différents aspects... un jouvenceau dont les fenêtres étaient précisément en face des siennes... tu comprends?... de sorte que ce quidam...

JOSEPH.

C'est juste: il est là en Espagnol, et là en Suissesse... Mais, j'y pense... comment s'y est-il pris pour faire le portrait d'un homme en femme...

VOL-AU-VENT.

C'est bien simple... C'était un lendemain de bal masqué... le jouvenceau .. s'était mis en Suissesse la veille, et, faute d'argent, il était resté toute la journée dans son costume de femme!...

JOSEPH.

Ah! très-bien!... C'est fort bizarre!...

VOL-AU-VENT.

Maintenant... pose ces portraits sur le poêle... et vaque à tonservice.

JOSEPH passant à droite.

Oui, patron.

(Il pose les portraits sur le poêle.)

SCÈNE V

Les Mêmes, CHARANÇON.

CHARANÇON, entrant par la porte de droite, deuxième plan... et, après avoir regardé si personne ne vient, il s'avance vers Vol-au-vent *.

VOL-AU-VENT.

Ah! monsieur Charançon.

CHARANÇON.

Aubergiste... deux mots!... Que ce garçon ne nous entende pas!

(Il amène Vol-au-vent sur le devant de la scène à gauche.)

VOL-AU-VENT.

Je suis tout oreilles...

CHARANÇON.

Aubergiste... qu'avez-vous fait d'un portrait qui était naguère dans votre salon... et que j'examinais encore ce matin...

VOL-AU-VENT.

La Suissesse?...

CHARANÇON.

Précisément...

VOL-AU-VENT, allant prendre le portrait de la Suissesse.
Attendez... attendez... voici!...

CHARANÇON.

C'est elle!... c'est bien elle!... (A Joseph.) Joseph, gardez les abords... et si vous voyez venir une figure désagréable... ça sera ma femme... prévenez-moi... (Joseph va au fond et regarde au dehors. — Contemplant le tableau.) Oh!... quelle poésie... je trouve dans cette huile!... Aubergiste!... je vais vous régaler d'une histoire... C'était un lendemain de mardi gras... Je flânais... dans les rues de Paris... en lorgnant les écriteaux d'appartements à louer... non pas que je voulusse déménager... oh! non... mais c'est une habitude que j'ai... quand je flâne... Je monte voir les

* Vol-au-vent, Charançon, Joseph.

appartements... on ne sait pas qui on peut rencontrer...
C'est ainsi que j'ai connu Olympia...

VOL-AU-VENT.

Qui ça, Olympia ?...

CHARANÇON.

Chut !... pas si haut... si ma femme entendait... Joseph... guettez toujours... (Joseph, qui était encore au fond, disparaît à droite. — Charançon continue.) Je l'ai quittée... pas ma femme... Olympia... Elle est si jalouse... pas Olympia... ma femme !... Donc, c'était un lendemain de mardi gras... J'avise à un sixième étage, au-dessus de trois entre-sols... une figure d'ange !... Ah ! mon ami... quelle suavité dans les traits! quel moelleux dans les contours!... une déesse... une péri... sous l'enveloppe d'une Suissesse...

VOL-AU-VENT.

Hein ? une Suissesse !... attendez donc !

CHARANÇON.

Chut !... pas si haut, si ma femme entendait. Celle-ci... trait pour trait, œil pour œil, nez pour nez !...

(Il montre le portrait.)

VOL-AU-VENT.

Mais permettez...

CHARANÇON, continuant.

Je montai .. on ne m'ouvrit pas... Le lendemain, je revins... on ne m'ouvrit pas davantage... Je glissai alors sous sa porte des épîtres brûlantes... pas de réponse... J'avais perdu tout espoir... quand ce matin, dans votre salon... son image m'est apparue... La voici... je la tiens... c'est elle !... ma Kettly !...

VOL-AU-VENT, à part.

Sa Kettly !... Elle est bien bonne, celle-là...

CHARANÇON.

Je l'ai nommée ainsi dans mes rêves... Mais il me la faut ; rien ne me coûtera... pour la posséder... Je la couvrirai d'or... Je vous en offre quinze francs cinquante, ça vous va-t-il ?...

VOL-AU-VENT, reprenant le portrait.

Oh! monsieur!... quinze francs cinquante d'un pareil chef-d'œuvre!... oh!... (Changeant de ton.) Mettez cinq francs de plus et ce portrait est à vous...

CHARANÇON, prenant le portrait.

Oh! merci!... merci!... O ma Kettly!... quand je t'entrevoyais dans mes rêves... tu étais dans un châlet... tu faisais ton beurre... (Payant Vol-au-vent.) Voilà vos vingt francs...

VOL-AU-VENT.

Et les cinquante centimes?

CHARANÇON.

Donnez-les au garçon!... (Continuant de s'adresser au portrait.) Tu chantais un la la-i-tou!... (A Vol-au-vent.) Mais j'y songe... comment êtes-vous possesseur?...

VOL-AU-VENT, embarrassé.

Ah! je vais vous dire... (Bas.) Diable!...

MADAME CHARANÇON, en dehors.

Charançon!...

CHARANÇON.

Bigre!... ma femme!... où mettre ce cadre, pour qu'elle ne l'aperçoive pas?... ici... non... là... non... Ah!... fourrez-le-moi dans le dos... j'ai les épaules carrées... allez!...

VOL-AU-VENT.

Voilà!

(Il lui fourre le portrait sous son paletot.)

CHARANÇON.

Est-ce que ça se voit?

VOL-AU-VENT.

Très-peu!...

CHARANÇON.

Je me présenterai de profil... Mais ça va bien me gêner. (Apercevant sa femme qui entre par le fond.) Il était temps!

SCÈNE VI

VOL-AU-VENT, CHARANÇON, MADAME CHARANÇON.

MADAME CHARANÇON, à son mari.

Que faites-vous là ?...

CHARANÇON.

Moi, bonne amie... je réglais avec M. Vol-au-vent.

MADAME CHARANÇON.

Vous avez déjà réglé ce matin...

CHARANÇON, à part.

Fichtre !... (Haut.) C'est ma montre... ma montre... que je réglais.

MADAME CHARANÇON.

C'est bien !...

CHARANÇON, bas à Vol-au-vent.

Ça se voit-il ?

VOL-AU-VENT, de même.

A peine.

MADAME CHARANÇON.

Vous allez venir m'aider pour faire nos malles, nos cartons...

CHARANÇON, tournant autour de sa femme. [*]

Comment donc ?... mais avec bonheur, poulotte... nous allons faire ensemble nos petites malles, nos petits cartons, comme deux jolis tourtereaux... Es-tu contente, Lodoïska?...

MADAME CHARANÇON, sévèrement.

Appelez-moi madame Charançon... je n'aime pas qu'on m'appelle Lodoïska *extrà muros.*

CHARANÇON.

Oui, chère amie !

(Il tourne de nouveau.)

MADAME CHARANÇON. [**]

Ne tournez donc pas ainsi... vous avez l'air d'un tonton...

[*] Vol-au-vent, madame Charançon, Charançon.
[**] Vol-au-vent, Charançon, madame Charançon.

AIR : *Du vin à quatre sous.*

Venez, je vous l'ordonne,
Vite, ne flânons pas.

CHARANÇON.

Je t'obéis, bobonne,
Je marche sur tes pas.

MADAME CHARANÇON.

Allons, sans qu'on raisonne,
Qu'on me donne le bras.

CHARANÇON.

Non, non, de ta suite j'en suis,
Passe devant moi, je te suis ;
Lorsque tu n'es pas où je suis,
D'honneur, je ne sais où j'en suis.

(Bas à Vol-au-vent.)
Ça s' voit-il beaucoup c' que j'ai dans le dos ?

VOL-AU-VENT, bas.

Mais non, presque pas !

CHARANÇON, bas.

C' n'est pas trop gros ?

MADAME CHARANÇON.

(Parlé.) Eh bien?

ENSEMBLE.

CHARANÇON.	MADAME CHARANÇON.
Voilà !... De ta suite, j'en suis,	Pourquoi donc cet air indécis,
Passe devant moi, je te suis...	Pour s'éloigner de ce pays ?
Lorsque tu n'es pas où je suis,	Dépêchons, sans plus de sursis,
D'honneur, je ne sais où j'en suis.	Et partons vite pour Paris.

VOL-AU-VENT, à part.

En ce moment, s'il était pris,
Sa femme ferait de beaux cris :
Oui, s'il allait être surpris,
Il se trouverait compromis.
(Charançon sort le premier à reculons par la deuxième porte de
droite : sa femme le suit.)

SCÈNE VII

VOL-AU-VENT, puis LA COMTESSE DE LAS BERGAS et DEUX COMMISSIONNAIRES.

VOL-AU-VENT, seul.

Ça va bien... vingt francs... pour cette croûte... Je

suis presque rentré dans mes avances... Si les deux
autres se vendent aussi bien.

(La comtesse entre par la deuxième porte à gauche. Elle est suivie
de deux commissionnaires qui portent des malles.)

LA COMTESSE, aux commissionnaires.*

Portez ces malles à la station... et revenez prendre le
reste!...

(Les commissionnaires sortent par le fond.)

VOL-AU-VENT.

Tout le monde nous quitte donc, aujourd'hui?... vous
aussi, madame Olympia?...

LA COMTESSE.

Vol-au-vent, mon ami, je vous ai prié de ne pas m'ap
peler... Olympia... ça n'est pas mon nom...

VOL-AU-VENT.

Je vous demande pardon... c'est que tout à l'heure..
ce nom avait frappé mon tympan!...

LA COMTESSE.

Je suis à présent la comtesse de Las Bergas.

VOL-AU-VENT.

Comtesse!... l'année dernière, vous étiez baronne...

LA COMTESSE.

Oui... mais j'ai monté en grade... Je me suis mariée...
et je suis comtesse pour de bon!...

VOL-AU-VENT.

Ah!

(Un des commissionnaires rentre par le fond et sort par la deuxième
porte à gauche.)

LA COMTESSE.

Mon mari est un noble Castillan!...

VOL-AU-VENT.

Un Castillan, dites-vous?... un Castillan?

LA COMTESSE.

Sans doute... qu'y a-t-il d'étonnant?...

* La comtesse, Vol-au-vent.

VOL-AU-VENT.

Alors... j'ai votre affaire.

(Il va prendre le portrait d'Espagnol. et pose le troisième contre une chaise à droite.)

LA COMTESSE.

Comment ?

VOL-AU-VENT, lui présentant le portrait.

Regardez-moi ça.

LA COMTESSE.

Que voulez-vous que je fasse de votre croûte ?

VOL-AU-VENT.

C'est peut-être un des ancêtres de votre mari...

LA COMTESSE.

Apprenez, monsieur Vol-au-vent... (A part en réfléchissant.) Tiens !... au fait !... c'est une idée. (Haut.) Combien me vendez-vous ça ?...

VOL-AU-VENT.

Trente francs !...

LA COMTESSE.

C'est bien... je l'achète... mettez-le sur ma note. (Au commissionnaire qui rentre par la deuxième porte de gauche, en lui montrant le portrait.) Tenez... emportez ceci... et prenez bien garde à mes cages.

(Le commissionnaire, déjà chargé d'une malle. prend le portrait des mains de Vol-au-vent et sort par le fond.)

VOL-AU-VENT.

Madame la comtesse a des oiseaux ?...

LA COMTESSE.

Eh ! non... mes cages,.. à crinolines... Ah !... à propos d'oiseaux... où sont ces deux riches étrangers... que j'ai amenés à ma suite ?...

VOL-AU-VENT.

Ils sont en forêt !...

LA COMTESSE.

C'est bien !... Vous leur direz que je suis partie... sans eux !... Faites-moi avancer une voiture...

VOL-AU-VENT.

Oui... madame la comtesse.

(Il sort par le fond.)

SCÈNE VIII

LA COMTESSE, seule.

Je suis contente de deux choses... La première, de
planter là... ces deux Iroquois... qui me font la cour...
Ils reviendront!... Un amoureux, c'est comme le terme...
ça revient toujours. La deuxième chose... c'est l'ac-
quisition de ce portrait... Il y a longtemps que je désirais
un document officiel... Je le ferai passer pour le comte
de Las Bergas... Trente francs!... un mari... ça n'est pas
cher.

AIR : Restez, troupe jolie.

Et puis, on dit qu' dans l' mariage,
Les maris se négligent bien,
Et qu'après six mois de ménage,
C'est une charge au lieu d'un bien...
Deux ans après, ça n' vaut plus rien.
Je crois que j'ai fait un' bonne affaire ;
J'achète un mari dix écus !
Plus tard, si je veux m'en défaire,
Je n' perdrai pas grand' chos' dessus.

(Panoufle paraît au fond.)

SCÈNE IX

PANOUFLE, LA COMTESSE, puis HENRIETTE.

PANOUFLE, à la cantonade du fond.

Tout à l'heure, Henriette... je suis à toi. (Il entre.) Est-
ce bizarre?... il est ici... avec sa femme?... Il faudra...
(Apercevant la comtesse.) Ah! la comtesse, ma voisine.

LA COMTESSE, à part.

Ce monsieur... qui est descendu dans l'hôtel avec sa
nièce... il me semble... qu'il rôdaille autour de moi ..

PANOUFLE, à part.

Si j'étais libre... si ma nièce était mariée... Soyons

galant. (Haut et s'inclinant.) Belle dame... à vous rendre mes hommages...

LA COMTESSE, saluant.

Monsieur...

PANOUFLE.

Panoufle... pour vous servir... ancien avoué... et pour le quart... d'heure... touriste... avec sa nièce... qui a voulu voir les carpes... de Fontainebleau.

LA COMTESSE.

Ah! mademoiselle votre nièce...

PANOUFLE.

Moi aussi... je ne vous le cache pas, j'ai voulu voir les carpes... On dit qu'elles datent de François Ier... ce roi de la galanterie... dont je descends...

LA COMTESSE.

Vous descendez de François Ier?

PANOUFLE.

Dame!... (A part.) Soyons œil-de-bœuf!... (Haut.) Je m'appelle François... et je suis galant... vert-galant... même...

LA COMTESSE, à part.

Oh!... vert... c'est-à-dire gris...

PANOUFLE, à part.

Lançons-nous!... (Haut.)

AIR *du Piége.*

Ce que j'éprouve en ce moment,
Madame, laissez-moi le peindre...
L'âme s'émeut en vous voyant...
Près de vous, je ne saurais feindre.
Votre regard est un aimant vainqueur,
Qui me fascine et me déroute.
Puisque les yeux sont le chemin du cœur,
Permettez-moi de flâner sur la route (*bis*).

(A part.) C'est assez Maupin, ce que je viens de dire là!

LA COMTESSE, minaudant.

Oh!... monsieur Panoufle... en vérité... je ne sais si je dois vous croire...

PANOUFLE.

Oh ! croyez-moi... (A part.) Bah ! je me lance !... (Haut.)
Belle comtesse...

HENRIETTE, accourant par le fond. *

Mon oncle !... mon oncle !

PANOUFLE, à part.

Aïe !... ma nièce !...

HENRIETTE.

Dites donc... vous ne savez pas ?... M. Charançon... est
ici... je viens de le voir.

PANOUFLE.

Je le sais !... je le sais !...

LA COMTESSE, à part.

Charançon... ici ?... Diable !... il n'est que temps... de
filer !...

PANOUFLE, à Henriette, lui montrant la comtesse.

La comtesse de Las Bergas... Salue donc !...

HENRIETTE, saluant.

Madame !...

LA COMTESSE, de même.

Mademoiselle !... Mais pardon... j'ai le regret de vous
faire mes adieux...

PANOUFLE.

Quoi ! quoi !... quoi !... vous quittez Fontainebleau ?...

LA COMTESSE.

Il le faut...

PANOUFLE.

Et... point n'ai l'espoir de vous revoir...

LA COMTESSE.

Dame !... je retourne à Paris...

PANOUFLE.

Moi aussi...

LA COMTESSE.

Et si le hasard vous faisait passer devant ma porte...
devant la porte de mon hôtel...

PANOUFLE.

Comment donc ?... j'y passerai par hasard !... tout

* Henriette, Panoufle, la comtesse.

exprès!... par Jupiter!... Excusez-moi... c'est mon juron habituel...

LA COMTESSE.

Voici ma carte...

(Elle lui donne une carte.)

PANOUFLE.

Oh! merci !... (A part.) Quelle femme distinguée!... comme elle vous donne sa carte avec adresse...

LA COMTESSE.

Samedi... prochain... vingt-cinq courant, je donne un raout... un petit bal... me ferez-vous le plaisir d'y as- sister?

PANOUFLE.

Par Jupiter!... je n'y manquerai pas!...

LA COMTESSE.

Alors... au revoir. (A part.) Evitons le Charançon...

PANOUFLE.

Belle dame!... agréez l'assurance de ma considération la plus distinguée... Salue, Henriette... le sourire... sur les lèvres... comme moi... regarde... (Il salue en souriant.) Belle dame!...

HENRIETTE, saluant.

Madame!...

LA COMTESSE.

Adieu... mademoiselle... monsieur.

(Elle salue avec importance.)

PANOUFLE, à part.

Je crois avoir été assez œil-de-bœuf!...

ENSEMBLE.

AIR : des Mousquetaires de la reine.

LA COMTESSE.	PANOUFLE.
Au revoir, je vous laisse,	Adieu, belle comtesse.
Car on m'attend là-bas !	On vous attend là-bas ;
Mais j'ai votre promesse,	Vous avez ma promesse.
Vous ne l'oublirez pas.	Je ne l'oublirai pas.

HENRIETTE.

Madame la comtesse,
Nous nous verrons là-bas !
Il en fait la promesse,
Il ne l'oubliera pas.

(La comtesse s'éloigne par le fond. — Henriette la reconduit et
reste à la porte en la regardant s'éloigner.)

SCÈNE X

PANOUFLE, HENRIETTE, puis JOSEPH.

PANOUFLE, à lui-même.

Jolie femme !... Elle a un faux air de la Vénus de Milo...
Elle a quelque chose de plus... elle n'est pas manchotte...
Quand ma nièce sera établie... il faudra que je cultive
cette comtesse avec assiduité... (Haut.) Mais voyons !...
quelle heure je jauge à mon chronomètre de 700 francs...
(Il regarde à sa montre.) Diable !... neuf heures... il devrait
être arrivé !

HENRIETTE, qui est redescendue.

Qui donc, mon oncle ?

PANOUFLE.

Qui ? Mais ton futur... que doit m'expédier mon ami
Bonardin de Tours... celui, enfin, qui doit me supplan-
ter dans tes affections.

HENRIETTE.

Oh ! mon oncle, pouvez-vous penser ?...

PANOUFLE.

Ta ta ta ta !... On n'a pas été trente ans avoué sans
connaître à fond ce viscère qu'on nomme le cœur... Tu
aimeras ton mari... aux dépens de ton oncle... c'est
connu... Tiens ! suis bien mon raisonnement... Le cœur
est d'or... mettons qu'il ait la valeur d'un louis... Eh
bien, en ce moment, tu me donnes pour vingt francs
d'affection... Quand tu seras mariée... tu partageras cette
affection entre ton mari et moi... chacun dix francs...
Si tu as des enfants... tu éparpilleras ton cœur en monnaie... et, au bout de quelque temps, il ne m'en restera

guère que pour vingt-cinq centimes... Voilà l'humanité !... voilà l'humanité !... (Mouvement d'Henriette.) Mais... ne te tourmente pas... pour ça... D'ailleurs, ça m'arrange... j'ai mes petits projets...

HENRIETTE.

Ah !...

PANOUFLE, à part.

J'ai besoin aussi d'éparpiller mon cœur. (Il tire une lettre de sa poche. — Haut.) Tiens, voici ce que m'écrit Bonardin !... (Lisant.) « Cher Panoufle, Isidore Crochard, ton futur neveu, part ce soir pour Fontainebleau, où je lui ai dit qu'il vous retrouverait... Mais il a une singulière idée : avant de se faire connaître, il veut s'immiscer incognito près de vous sous un prétexte quelconque, afin d'étudier, sans qu'elle s'en doute, le caractère de sa fiancée. » (Parlé.) Quelle idée bizarre !... ça ne s'est jamais fait !... (Continuant.) « Je me hâte de t'en prévenir, afin que tu te tiennes sur tes gardes. »

HENRIETTE.

Mais comment saurons-nous ?

PANOUFLE.

Tu vas voir ! il y a un *nota bene* : (Lisant.) « Attendu que Crochard peut surgir, soit en Auvergnat, soit en marchand de robinets... je t'expédie son portrait par le chemin de fer... » Hein ? est-ce ingénieux de la part de Bonardin ? Tu comprends, j'aurai son *faciès* ; je me familiariserai avec son rictus... J'étudierai les moindres lignes de son galbe, et lorsqu'il arrivera... je m'écrierai dans mon for intérieur : C'est lui ! et je le laisserai patauger dans son incognito... Et nous rirons bien tous les deux !... Mais ne perdons pas de temps, il faut que je fasse quérir, au plus vite, ce portrait au débarcadère... Joseph !... Joseph !

(Il remonte.—Henriette passe à gauche.)

JOSEPH, accourant par le fond. *

Voilà, monsieur.

* Henriette, Joseph, Panoufle.

PANOUFLE.

Joseph... cours à la station... vite, promptement et dare dare... tu y trouveras un colis à mon intention... C'est le portrait d'un jeune homme... à l'huile... Tu me l'apporteras incontinent.

JOSEPH.

Oui, monsieur.

PANOUFLE.

Je te récompenserai d'une manière fastueuse, mais dépêche-toi.

JOSEPH.

Le temps de mettre ma veste. . et j'y vole !...

(Il sort par la deuxième porte de droite.)

PANOUFLE. *

Rentrons, Henriette... rentrons, madame Crochard... hein ? vas-tu être **heureuse** de t'appeler madame Crochard ?

HENRIETTE, à part.

Pas trop !... J'aimerais mieux un autre nom.

ENSEMBLE.

AIR : des Trois loges.

PANOUFLE.	HENRIETTE.
Allons, rentrons au plus tôt	Allons, rentrons au plus tôt
Et préparons-nous bien vite	Et préparons-nous bien vite
A recevoir la visite	A recevoir la visite
D'un futur incognito.	D'un futur incognito.

(Panoufle et Henriette rentrent à gauche, première porte.)

SCÈNE XI

JOSEPH, puis BAVOLET.

JOSEPH, rentrant par la deuxième porte de droite.

Encore un portrait ... Il en pleut, aujourd'hui... Dépêchons-nous... pendant que le patron n'est pas là !

(Il sort par la deuxième porte de gauche pendant que Bavolet paraît au fond.)

* Henriette, Panoufle.

BAVOLET, à la cantonade.

Merci... Gigandin... merci mon bon !... (Il entre en scène.) En voilà un ami, ce cher Gigandin !... il devait aller le 25 de ce mois, tenir le piano à un bal, chez madame la comtesse de Las Bergas... et c'est moi... qui irai à sa place... Ça me lancera... car j'ai besoin d'être lancé... Je peux me dire ça à moi-même... Je ne suis pas du tout lancé... comme professeur de piano... et cependant j'ai un très-joli doigté... ma méthode a été désapprouvée par nos plus grands maîtres... C'est le fait des grandes idées... d'être traitées avec mépris... Par exemple, prenons la vapeur... non prenons autre chose. (Il appelle.) Garçon !... (Il s'assied à droite.) Ah !... je vais donc revoir Paris... que j'ai quitté... il y a deux mois... (Il appelle.) Garçon !... Pourvu que je ne retrouve plus ce diable d'homme qui demeurait de l'autre côté de la rue, en face de moi... On ne saurait croire l'acharnement qu'il mettait à me dévisager !... Il avait l'air de prendre mon signalement... (Se levant.) mais, en revanche, j'espère retrouver cette jeune fille... qui cultive des capucines sur sa fenêtre... donnant sur la cour de la maison voisine !... Je lui envoyais des baisers... Je mettais la main sur mon cœur... ce qui veut dire amour en pantomime... puis je posais l'index de la main droite sur l'annulaire de la main gauche... ce qui veut dire mariage !... toujours en pantomime... Et, elle me répondait... faiblement... mais enfin elle me répondait.

AIR : *Les Cinq codes que je me flatte.*

> Cette télégraphie nouvelle
> Marchait tant que durait le jour ;
> Je lui mimais : Vous êtes belle,
> Mon cœur est calciné d'amour !...
> Et je lisais sur son visage
> Dans son regard vers moi levé :
> Ce monsieur du septième étage,
> Est un monsieur bien élevé !

Malheureusement, j'étais trop au-dessus d'elle... comme étage... pour pouvoir aspirer... (Criant) Ah çà ! mais il n'y a donc pas de garçon, ici ?... Holà ! à la boutique !... garçon !...

SCÈNE XII

HENRIETTE, BAVOLET.

HENRIETTE, entrant par la première porte de gauche.

Ah ! mon Dieu ! quel est ce bruit ?... (Apercevant Bavolet.) Oh !...

BAVOLET, se retournant.

Ah !... c'est elle !...

HENRIETTE.

Le jeune homme du septième... ciel !

BAVOLET.

Du septième ciel !... Oh ! oui, j'y suis, en ce moment, et je bénis le hasard qui me fait dialoguer avec vous, autrement qu'en pantomime...

HENRIETTE.

Monsieur !...

BAVOLET.

Oh ! je serai convenable ! mes intentions sont pures, et si j'osais vous dire...

HENRIETTE.

Mais permettez...

BAVOLET, lui prenant la main et la faisant descendre.

Rassurez-vous ! je n'emploierai que des expressions qui se trouvent dans le dictionnaire de l'Académie ou dans Bécherelle, au choix.

HENRIETTE.

Eh bien ! alors... parlez vite... car si mon oncle venait...

BAVOLET.

Je serai bref... J'ai nom Bavolet, âge, vingt-cinq ans... professeur de piano... avec méthode désapprouvée...

HENRIETTE.

Professeur de piano ?... Justement, mon oncle en cherche un pour moi...

BAVOLET.

O chance!... ô bonheur! pour mon cœur! Douce ·ivresse!... plus de tristesse!... Tiens! je ferai de la musique sur ces rimes-là!...

HENRIETTE, regardant à gauche.

Mon oncle!...

(Bavolet s'éloigne un peu , en remontant à droite.)

SCÈNE XIII

PANOUFLE, HENRIETTE, BAVOLET.

PANOUFLE. (Il entre par la première porte de gauche, sa cravate à la main.)

Henriette!... Tiens!... mets-moi... ma cravate à la Colin... c'est la mode...

HENRIETTE.

Oui, mon oncle.

(Pour lui mettre sa cravate, elle le fait tourner, de manière à ce qu'il ne voie pas Bavolet.)

PANOUFLE. *

J'éprouve le besoin d'être à la Colin.

(Il fredonne.)

Colin et Colinette
Dans un p'tit jardinet,
Assis dessus l'herbette,
Faisaient un beau bouquet...

BAVOLET, à part.

Il est gai!... c'est le moment de me présenter... (Il s'avance.—Haut.) Monsieur...

(Il salue.)

PANOUFLE.

Hein?... Qu'est-ce?... Un jeune homme... avec ma nièce!... Par Jupiter!...

HENRIETTE.

Mon oncle, c'est...

BAVOLET.

Bavolet, professeur de piano... auteur d'une méthode désapprouvée...

* Henriette, Panoufle, Bavolet.

PANOUFLE.

C'est inutile... ma nièce ne joue que de l'accordéon...
et c'est moi qui suis son professeur!

BAVOLET.

Cependant, on m'avait dit...

PANOUFLE.

Quoi?

BAVOLET.

J'avais espéré que quelques leçons...

PANOUFLE.

Tarare!...(A part.) Mais quel soupçon?... cette insis-
tance!... si c'était le prétexte... Retenons-le. (Haut.) Pardon... on ne vous a pas trompé... mais, au premier
abord... vous comprenez, il y a tant de vagabonds... que
je vous avais pris... Ça n'a rien d'offensant...

BAVOLET.

Au contraire!

PANOUFLE, à part.

Tout me dit que c'est lui... soyons fin. (Haut.) Vous
saisissez... n'est-ce pas? J'aime ma nièce... et c'est bien
naturel; elle est à ma charge depuis tantôt... une olympiade... qui est de quatre ans... comme vous le savez,
puisque vous êtes musicien...

BAVOLET, à part.

Où veut-il en venir, avec son olympiade?

PANOUFLE,

D'où vous devez conclure... (A part.) Et ce Joseph qui
ne revient pas. (Haut.) Nous allons nous entendre d'a-
bord pour le prix.

BAVOLET.

Ah!... monsieur... y songez-vous? Tout pour l'amour...
de l'art.

PANOUFLE, à part.

Il se trahit!... Néanmoins, insistons... je puis lui offrir
beaucoup, puisque je ne le payerai pas. (Haut.) Henriette
prend des leçons de natation dont le coût est de cinq
francs... le piano étant bien moins fatigant à enseigner,
je crois que trois francs cinquante centimes...

BAVOLET.

J'accepte. (A part.) Il est rat! Mais bah!... j'aurai des compensations.

(Il regarde Henriette.)

PANOUFLE.

Voilà qui est entendu... Tu entends, Henriette, c'est entendu!... (Bas à Henriette.) C'est lui! Crochard...

HENRIETTE.

Vous croyez?

PANOUFLE.

J'en suis sûr!... Pardonnez... je cours faire mes adieux à un de mes amis qui retourne à Paris... Permettez-moi une pression.

(Il lui serre la main.)

BAVOLET.

Comment donc!...

PANOUFLE, à part.

Il est charmant!...

ENSEMBLE.

Air de Monpou : *Assez dormir, ma belle.*

PANOUFLE.	BAVOLET.
Touchez la main, jeune homme,	Allons, c'est un brave homme !
Et regardez-moi comme	Je le regarde comme
Un de vos bons clients ;	Mon seul et vrai client.
De notre connaissance,	De cette connaissance,
J'en garde l'assurance,	Bien plus qu'on ne le pense,
Nous serons tous contents.	Je dois être content.

(Henriette et Panoufle sortent par la première porte à gauche.)

SCÈNE XIV

BAVOLET, puis **VOL-AU-VENT**, ensuite **JOSEPH.**

BAVOLET, seul.

Oh! bonheur!... je suis agréé... par l'oncle... Il est très-bien... cet homme!... pas généreux sur la question des cachets... il est pingre même... trois francs cinquante... mais n'importe, il est très-bien!...

VOL-AU-VENT, entrant par la deuxième porte à droite. [*]

Un voyageur!... monsieur... désire quelque chose.

[*] Bavolet, Vol-au-vent.

BAVOLET.

Non... si... Bah!... je suis heureux!... je vais déjeuner... servez-moi...

VOL-AU-VENT.

Voulez-vous?... (Le regardant.) Est-il possible?

BAVOLET, à part.

Qu'est-ce qu'il a donc?

VOL-AU-VENT, à part.

L'original des portraits!...

BAVOLET.

Vous me donnerez...

JOSEPH, entrant par le fond avec un tableau. *

Voilà le colis!...

VOL-AU-VENT.

On va vous servir... Joseph!...

JOSEPH, posant le portrait sur le poêle.

Voilà! voilà!

(Il vient au milieu.)

VOL-AU-VENT. **

Demandez à monsieur... (A part.) C'est bien lui!...

JOSEPH.

Monsieur désire-t-il?... (Le regardant.) Ah!...

BAVOLET, étonné, à part.

Lui aussi!... Qu'est-ce qu'ils ont donc, dans cette maison?

JOSEPH, bas à Vol-au-vent.

Mais, monsieur, c'est...

VOL-AU-VENT.

Silence... (Haut, à Bavolet.) Entrez... par ici... dans ce cabinet... (Il montre la première porte de droite. — A part.) Qu'il ne sache pas que j'ai trafiqué de sa figure!...

BAVOLET.

J'entre... (A Joseph.) Suivez-moi, garçon.

(Il sort avec Joseph par la première porte de droite.)

* Bavolet, Vol-au-vent, Joseph.

** Bavolet, Joseph, Vol-au-Vent.

VOL-AU-VENT, seul.

Est-ce curieux!... Moi qui viens de vendre... précisément aujourd'hui... Ah!... (Avisant le tableau que Joseph vient de poser sur le poêle et le prenant sans le regarder.) Cachons son dernier portrait au grenier, je le vendrai quand il sera parti...

(Il sort par le fond.)

JOSEPH, rentrant par la première porte de droite.

Oui, monsieur... vous allez être servi à l'instant.

(Il sort par la deuxième porte de gauche. — Au même instant, entrent par la deuxième porte de droite monsieur et madame Charançon.)

SCÈNE XV

MADAME CHARANÇON, CHARANÇON (tous deux portant force malles, cartons et parapluies; Charançon a toujours le portrait dans le dos de son paletot), puis BAVOLET.

MADAME CHARANÇON, entrant la première

Dépêchons-nous, Hector, le convoi va partir! ..

CHARANÇON.

Me voilà, Poupoule!... J'aurais voulu dire adieu à Panoufle et à sa nièce.

MADAME CHARANÇON.

L'heure presse... l'omnibus attend... venez!...

(Elle sort vivement par le fond.)

CHARANÇON.

Je t'emboîte... Ah! ça va bien me gêner dans le wagon!...

(Il se dirige vers le fond.)

BAVOLET, entrant par la première porte de droite.*

Eh bien!... garçon... mon déjeuner?...

CHARANÇON, se retournant.

Hein?...

BAVOLET.

Quoi?...

* Charançon, Bavolet.

CHARANÇON.

Suis-je le jouet d'un songe!... les bras m'en tombent.

(Il laisse tomber ses malles.)

BAVOLET, à part.

Qu'est-ce qu'il a encore, celui-là?

(Il passe à gauche.)

CHARANÇON, à part.

C'est elle!... sous les habits d'homme!... (S'approchant.
— Haut.) A toi pour la vie!...

BAVOLET, étonné.

Hein?

CHARANÇON, lui donnant une carte.

Chut! nous n'avons pas le temps. . Voici mon adresse...
vous viendrez quand ma femme n'y sera pas!...

BAVOLET.

Comment?

CHARANÇON, très-vite.

Tais-toi, tais-toi!... pas d'imprudence!... Je les ai, tes
traits, ces traits charmants... Je les ai dans le cœur!...

BAVOLET, surpris.

Dans le cœur?...

CHARANÇON.

Et dans le dos!...

MADAME CHARANÇON, en dehors.

Hector, Hector!...

CHARANÇON.

C'est ma femme. (Criant.) Me voilà, Lodoïska!... (A Bavolet.) Amour et mystère!... adieu!... Cristi! que ça va
me gêner dans le wagon!... (A sa femme qui l'appelle encore.)
Me voilà! me voilà!...

(Il ramasse vivement ses bagages et s'en va par le fond. — Joseph
rentre par la deuxième porte de gauche, portant un plateau sur lequel est le déjeuner, traverse le théâtre et sort par la première porte
de droite.)

* Bavolet, Charançon.

SCÈNE XVI

BAVOLET, puis JOSEPH.

BAVOLET, seul.

Qu'est-ce que c'est que ce vieux toqué-là ?... qu'est-ce qu'il veut dire ?... Voyons sa carte : « Charançon, rue des Marmousets, quinze. »

JOSEPH, rentrant par la première porte de droite. `*`

Le déjeuner de monsieur est servi.

BAVOLET.

Bien !... J'y cours !..

(Il entre à droite, premier plan.)

JOSEPH, le regardant aller.

Il est très-ressemblant.

(Panoufle entre par la première porte de gauche.)

SCÈNE XVII

PANOUFLE, JOSEPH.

PANOUFLE.

Eh bien ! Joseph, et ma commission ? ce portrait ?

JOSEPH.

Voilà ! monsieur... il est là... (Il va pour le chercher sur le poêle où il l'avait posé.) Eh bien ! où donc l'ai-je posé ?..- Ah ! (Apercevant celui qui est à terre, contre la chaise.) le voilà· (On sonne très-vivement.) Voilà ! voilà !... (A Panoufle.) Tenez, monsieur. (On sonne plus fort.)

PANOUFLE, lui arrachant le portrait.

Donne vite... je suis d'une impatience !... (Nouveau bruit de sonnette.)

JOSEPH.

On y va !... (Il sort en courant par le fond.)

PANOUFLE, regardant le portrait.

C'est cela !... parfaitement cela !... Je ne m'étais pas trompé !... C'est qu'il est frappant !... ce nez, ces yeux !... Ah ! tu veux finasser avec un ancien avoué, toi... nous allons rire... (L'examinant.) Il est très-bien !... Il a l'œil

____

* Bavolet, Joseph.

vif!... Je ne déteste pas qu'un jeune homme ait l'œil vif!

(Il pose le portrait sur une chaise. — Phrasie entre par le fond.)

SCÈNE XVIII

PHRASIE, tenant un enfant au maillot sur les bras,
PANOUFLE.

PHRASIE, d'un ton dolent.

Il ne vient pas!... Je l'attends... vainement!... (S'asseyant à gauche.) Ah! pauvre petit, ton père est un fameux coquinas!...

PANOUFLE la regardant, à part.

Cette femme a l'air d'une malheureuse!... Peut-être est-ce une mendiante?... Eloignons-nous... Je me connais... j'ai bon cœur... je lui donnerais quelque chose!

(Il va poser le portrait sur une chaise au fond.)

PHRASIE.

Ah! Crochard!... Crochard!... tu m'as bien trompée!...

PANOUFLE, à part.

Crochard?... Elle a dit Crochard... (Haut et s'approchant.) Pardon, indigente, vous avez dit Crochard?...

PHRASIE, se levant.

Oui... Isidore... Crochard... de Tours...

PANOUFLE.

C'est cela!...

PHRASIE.

Un polisson!...

PANOUFLE.

Mais...

PHRASIE.

Un homme qui m'a fréquentée à mon début dans la vie... moi, simple grisette de Bordeaux... Il a foulé aux pieds mes illusions de jeune fille... et m'a jetée sur le sentier de la douleur!...

PANOUFLE.

Qu'apprends-je?

PHRASIE.

Il m'aima... J'en fis autant.

PANOUFLE.

Je flaire d'affreuses révélations !...

PHRASIE.

Nous nous adorâmes cinq ans; nos amours ont grandi... (Montrant l'enfant.) Celui-ci a neuf mois; les deux autres ont quatre et cinq ans...

PANOUFLE.

Trois enfants !...

PHRASIE.

Ils sont là !... Ils mangent... ignorant que leur père m'a plantée là... pour venir ici épouser une petite bégueule...

PANOUFLE.

Prenez garde, ma mie... vous parlez de ma nièce !...

PHRASIE.

De votre nièce?... Et vous consentiriez à cette union ?...

PANOUFLE.

Jamais ! jamais !... Je vous le rends, votre Crochard... il est ici...

PHRASIE.

Il est ici ?...

PANOUFLE.

Mais, Bordelaise... une réflexion... Je veux le confondre.... donnez-moi cet enfant....

PHRASIE.

Pour quoi faire?...

PANOUFLE.

Je veux le confondre !

PHRASIE, lui donnant l'enfant.

Voulez-vous les deux autres? (Appelant.) Auguste!. Popol !...

PANOUFLE.

Non... un seul me suffit.... Allez, jeune mère... et ayez confiance....

PHRASIE.

Ah!... vous êtes un bon vieux, vous!...

PANOUFLE, à part, d'un air vexé.

Bon vieux!... Vieux est de trop!

ENSEMBLE.

AIR : *des Erreurs du bel âge.*

PANOUFLE.	**PHRASIE.**
C'est un monstre, c'est un infâme!	Quoiqu'il ait été bien infâme,
Mais j'essaierai de l'attendrir ;	Il ne faut pas trop le punir ;
Près de ses enfants, de sa femme,	Près de ses enfants, de sa femme,
Je veux le faire revenir.	Tâchez qu'il puisse revenir.

(Phrasie sort par le fond.)

SCÈNE XIX

PANOUFLE, puis **BAVOLET,** puis **HENRIETTE.**

PANOUFLE, tenant l'enfant dans ses bras.

Quel gredin!... Et il venait pour épouser ma nièce, et il prenait des mitaines pour étudier son caractère.... et il a trois enfants... dans son actif.... je ne m'étonne plus si je lui trouvais l'œil vif!... (Regardant l'enfant qui crie.) Ne pleure pas... je m'occupe de ton père.... Do, do... Le voici!...

BAVOLET, entrant par la première porte de droite. *

Ce déjeuner m'a fait du bien!... Ah!... monsieur Panoufle!... que portez-vous donc là ?...

PANOUFLE.

Approche ici, musicien... (A Henriette, qui entre par la première porte de gauche.)** Tu arrives bien...nous allons avoir une petite scène de famille à nous quatre.

HENRIETTE et BAVOLET.

A nous quatre ?

PANOUFLE, montrant l'enfant.

A nous quatre !... Celui-ci n'est pas de trop !... c'est-

* Panoufle, Bavolet.
** Henriette, Panoufle, Bavolet.

à-dire si... (A Bavolet.) il est de trop dans ton passé... Reconnais-tu ceci ?

BAVOLET, tranquillement.

C'est un enfant.

PANOUFLE, indigné.

Comme il dit ça !... (A Bavolet.) Mais le tien, misérable ! le tien !

HENRIETTE.

Est-il possible.

BAVOLET.

Le mien... à moi ?...

PANOUFLE.

Eh quoi ! ta fibre paternelle est donc complétement ossifiée ?... Et les deux autres, Lovelace, les deux autres ?... Guguste et Popol ?

BAVOLET, stupéfait.

Trois enfants !

PANOUFLE.

Ah ! ah !... je les connais, tes débordements... Le Nil n'est rien à côté de toi... (A Bavolet, en lui mettant l'enfant sur les bras.) Tiens ! prends ton petit... il commence à me fatiguer la saignée.

BAVOLET, le repoussant.

Mais sapristi !...

PANOUFLE.

Prends-le, c'est ton devoir.

(Il le force à le prendre.)

BAVOLET.

Mais qu'est-ce que vous voulez que j'en fasse ?...

PANOUFLE.

Par Jupiter !... il me demande ce qu'il faut qu'il fasse de son fils !...

BAVOLET.

Mon fils !... Il y a erreur !...

PANOUFLE, ricanant.

Erreur !... N'es-tu pas Crochard ?

BAVOLET.

Crochard?... moi!... pas du tout... connais pas!...

PANOUFLE.

Tu ne connais pas?...

HENRIETTE.

Mais, mon oncle...

PANOUFLE.

Laisse... je vais le confondre... j'ai des preuves... Attends, attends !

(Il va prendre le portrait qu'il a posé sur la chaise, au fond.)

BAVOLET.

Les preuves ! (Passant près d'Henriette.) Vous allez voir... (A Panoufle.) Les preuves ?...

PANOUFLE, redescendant avec le portrait. *

Tiens, regarde ce portrait !

BAVOLET.

Mon portrait !...

HENRIETTE.

C'est lui !

PANOUFLE.

C'est bien ton nez, tes yeux...

BAVOLET.

Oui, mon nez, mes yeux, ma bouche... (Avec explosion.) Mais je ne me suis jamais fait peindre !

PANOUFLE.

Garde cette huile qui me répugne. (Il lui met le tableau sous l'autre bras et passe près de sa nièce.)** Et viens, Henriette, je ne veux pas me souiller plus longtemps au contact de ce saltimbanque... viens, Henriette, retournons à Paris.

(Il entraine Henriette vers le fond.)

BAVOLET.

Mademoiselle... croyez bien !...

HENRIETTE.

Ah ! monsieur !

---

* Henriette, Bavolet, Panoufle.
** Henriette, Panoufle, Bavolet.

PANOUFLE.

Arrière, Crochard ; par Jupiter, arrière !

AIR : *de la Favorite,*

Viens, mon enfant, fuyons ce Lovelace !
Que pour jamais il perde notre trace !
Accablons-le de nos mépris blessants...
Qu'il reste seul...

(Il prend une prise en trois temps.)

avec ses trois enfants !

ENSEMBLE.

PANOUFLE.

Viens, mon enfant, fuyons ce Lovelace !
Que pour jamais, etc.

HENRIETTE.

Vite, fuyons, fuyons ce Lovelace !
Que pour jamais il perde notre trace !
Accablons-le de nos mépris blessants...
Qu'il reste seul... avec ses trois enfants !

BAVOLET, passant à gauche.

Que parle-t-il ici de Lovelace ?
Ah ! malgré moi, sa colère me glace !
Faudra-t-il donc que, malgré mes serments,
Je reste seul... avec ces trois enfants !

(Panoufle et Henriette sortent par le fond. — La musique continue
à l'orchestre.)

BAVOLET, criant et allant au fond.

Monsieur Panoufle, arrêtez... reprenez-moi ceci !...

(Phrasie entre avec deux petits enfants par la deuxième porte de
gauche.)

SCÈNE XX

PHRASIE, avec deux petits enfants, BAVOLET, puis
JOSEPH, puis VAN-TRUFFEL, puis BALTIMORE,
puis VOL-AU-VENT.

PHRASIE, désignant Bavolet, qui lui tourne le dos.

Le voilà !... Enfants !... embrassez votre père !...

LES ENFANTS, se jetant dans les jambes de Bavolet.

Papa ! papa !

4

BAVOLET, se retournant.

Qu'est-ce que c'est que ça?...

PHRASIE.

Mais ça n'est pas lui!

(Les enfants reviennent à elle.)

BAVOLET.

Eh! non, sacrebleu! ça n'est pas moi!

JOSEPH, entrant par la deuxième porte de droite, une lettre à la main. *

Monsieur Panoufle!... monsieur Panoufle!... une lettre de Tours!...

PHRASIE, lui arrachant la lettre.

De Tours?... l'écriture de Crochard!...

(Elle décachète la lettre.)

JOSEPH.

Mais c'est très-indiscret ce que vous faites-là!

PHRASIE.

Té!... laissez-moi tranquille!... (Lisant.) « Mon cher monsieur Panoufle, un remords m'a pris en route...; je retourne à Tours, pour y épouser une jeune fille de Bordeaux que j'ai un peu compromise. — Isidore Crochard. »

BAVOLET, s'écriant.

Crochard!... voilà mon Crochard!

PHRASIE.

M'épouser! (Elle rend la lettre à Joseph.) Ah! je cours le retrouver!... Adieu, vous autres!... Venez, enfants!...

(Elle sort vivement par le fond avec les deux enfants.)

BAVOLET, qui a posé le portrait, courant au fond. **

Madame!... madame!... vous en oubliez un!... Elle ne m'entend pas!... Tiens, Joseph!... (Il lui met l'enfant sur les bras.) Je cours rattraper monsieur Panoufle!...

(Il sort par le fond.)

JOSEPH, embarrassé de l'enfant.

Mais, moi aussi, il faut que je le rattrape, pour lui donner cette lettre!...

* Phrasie, Joseph, Bavolet.
** Joseph. Bavolet.

VAN-TRUFFEL, entrant par la deuxième porte de droite. *

La comtesse est partie... Baltimore n'en sait rien... volons sur ses traces.

JOSEPH, avisant Van-Truffel.

Ah ! monsieur Van-Truffel !... (Lui mettant l'enfant sur les bras.) On m'a dit de vous remettre ça.

(Il se sauve par le fond.)

VAN-TRUFFEL.

Eh bien !...

BALTIMORE, entrant par la deuxième porte de gauche. **

La comtesse est partie.... Van-Truffel l'ignore.... allons...

VAN-TRUFFEL.

Ah ! Baltimore !... (Lui mettant l'enfant sur les bras.) On m'a dit de vous remettre ça !...

(Il sort vivement par le fond.)

BALTIMORE.

Un enfant !...

VOL-AU-VENT, entrant par la première porte de droite. — Il tient un grand plateau. ***

Joseph !... Joseph !... où est donc le voyageur du n° 9 ?...

BALTIMORE.

Ah ! monsieur Vol-au-vent !... (Mettant l'enfant sur le plateau.) On m'a dit de vous remettre ça !...

(Il se sauve par le fond.)

VOL-AU-VENT, stupéfait et criant.

Joseph !... Joseph !... Joseph !...

(Le rideau ba

* Joseph, Van-Truffel.
** Baltimore, Van-Truffel.
*** Baltimore, Vol-au-vent.

FIN DU PREMIER ACTE

ACTE DEUXIÈME

Chez la comtesse.

Le théâtre représente un boudoir élégant, à pans coupés. — Dan
chaque pan coupé, une porte. — Deux autres portes, une à droite,
l'autre à gauche. — Au fond, au milieu, un grand bahut surmonté
d'une glace. — De chaque côté du bahut, une petite console avec
lampe carcel allumée ; en plus, sur celle de droite, deux écrins. —
A droite de la glace est appendu au mur le portrait de Bavolet en
costume espagnol ; à gauche, comme pendant, celui de la comtesse.
— Fauteuils, chaises.

SCÈNE PREMIÈRE

MARIETTE, puis LA COMTESSE.

MARIETTE, entrant par le pan coupé de droite.
Que de monde et quel jeu !... l'or roule sur les tables ?..
en attendant le moment de danser...

LA COMTESSE, entrant par le pan de droite. *
Ah !... respirons un peu !... On étouffe dans le salon
de jeu !... Ah ! Mariette... le pianiste est-il arrivé ?

MARIETTE.
Pas encore, madame !

LA COMTESSE.
Quel ennui !... Moi qui ai annoncé ce monsieur Gigandin, comme un pianiste de premier ordre... S'il allait
me manquer de parole ?...

MARIETTE.
Oh ! il n'est pas tard... neuf heures seulement.

* Mariette, la comtesse.

LA COMTESSE.

C'est vrai (Elle s'assied à droite.) Dis donc, Mariette, ce portrait a-t-il fait de l'effet ?...

(Elle désigne le portrait de Bavolet.)

MARIETTE.

Je crois bien... madame... il a frappé tous vos invités, et à ceux qui m'ont interrogée, j'ai répondu ce qui était convenu...

LA COMTESSE.

Parfait !...

MARIETTE.

Mais je vous avoue que je ne comprends pas bien...

LA COMTESSE, se levant.

C'est bien simple pourtant. J'avais besoin, pour établir ma noblesse, d'exhiber un époux... Cet époux... (Montrant le portrait.) le voilà... il me sert de chaperon... de porte-respect...

MARIETTE.

Madame craint donc qu'on ne la respecte pas?

LA COMTESSE.

Enfant !... Tu ne vois donc pas que c'est une position que je me crée?... Je végétais depuis deux ans comme danseuse à la Porte-Saint-Martin, sous le nom d'Olympia !... Qui faisait attention à moi? Personne... si ce n'est quelques bourgeois... un Charançon... peut-être... et encore ?... Alors j'ai changé de batteries... Je me suis faite comtesse... Je donne des bals, des soirées... j'ai un hôtel... des domestiques... Bien plus... j'ai un mari...

(Elle montre le portrait.)

MARIETTE.

Oui, qui va, n'en doutez pas, éloigner les soupirants.

LA COMTESSE.

Que tu es jeune !... Tiens, voici mon plan... J'ai un but, Mariette, un but honnête... moral... Je veux me marier...

4.

AIR : *J'en guette un petit de mon âge.*

Je veux avoir une famille ;
Je veux avoir des parents, un mari.
C'est si triste de rester fille
Et de vieillir sans avoir un appui ;
J'irai chercher jusques en Chine
Celui que l' sort m'aura choisi :
Je coifferai n'importe qui,
Plutôt que d' coiffer saint' Cath'rine...

Et quand j'aurai trouvé... celui que j'ai rêvé... un idiot qui se toquera complétement pour moi... alors... de femme mariée que je suis... je deviendrai... tout à coup... veuve ! veuve consolable... mais je me ferai tirer l'oreille... pour marcher à l'autel... et j'y marcherai... Déjà... j'ai en vue... deux étrangers...

MARIETTE.

Messieurs Van-Truffel et Baltimore ?

LA COMTESSE.

Précisément.

MARIETTE, allant prendre deux écrins sur la console de droite. *

Vous m'y faites songer... En arrivant, ce soir .. chacun d'eux m'a pris à part, et m'a dit de vous remettre ceci.... Tenez !...

LA COMTESSE, prenant les écrins et les ouvrant.

Une broche !... un bracelet !... (Elle les rend à Mariette.) Serre-moi tout ça.

MARIETTE.

Eh bien !.. ça ne vous fait pas plus plaisir que cela ?...

LA COMTESSE.

Mariette... les cadeaux entretiennent l'amitié... mais non l'amour... Qu'est-ce que des bijoux, des diamants ?... une bagatelle !... Je veux plus encore... je veux un nom !... n'importe lequel !... Baltimore ou Van-Truffel !... et c'est en les désespérant, c'est en les poussant à bout...

* La comtesse, Mariette.

que j'arriverai à leur faire comprendre... que je veux
être inscrite sous le petit grillage de la mairie...

MARIETTE.

Mais ce mari... improvisé...

(Elle montre le portrait.)

LA COMTESSE.

Il mourra!... quand il en sera temps, sois tranquille...

MARIETTE.

Ah ! vous m'en direz tant !...

LA COMTESSE.

D'ici là, point de faveur marquée pour l'un de mes
deux soupirants... Je leur distribue mes sourires et mes
rebuffades à dose égale... jusqu'à ce qu'il y en ait un
qui me dise : Ah ! si vous n'étiez pas mariée !... Tu vois
d'ici le coup de temps...

MARIETTE.

Madame était née pour être diplomate. (Regardant à
gauche.) Mais voici quelqu'un !...

(Elle se tient à l'écart, au fond.)

SCÈNE II

PANOUFLE, LA COMTESSE, MARIETTE,
puis HENRIETTE.

PANOUFLE, entrant par le pan coupé de gauche.

Laissez-donc!... je m'annoncerai moi-même!...(Saluant.)
Belle dame !...

LA COMTESSE, saluant.

Monsieur ?...

PANOUFLE.

Panoufle !... pour vous servir... Vous rappelez-vous...
il y a huit jours... à Fontainebleau... les carpes... de
François Ier ?...

LA COMTESSE.

Ah ! très-bien !... Je vous demande pardon...

PANOUFLE.

Comment donc!... Ma nièce est au vestiaire... Je lui

fais connaître... le monde... avant de la marier... Ah ! je voudrais bien m'en défaire... non pas comme oncle... cette chère enfant... je l'adore... mais comme homme, comme un homme, madame !... qui aspire... au moment où il sera libre, complétement libre... pour se jeter dans les bras .. de l'esclavage... (A part.) Je crois que cette phrase est assez bien tapée !...

LA COMTESSE.

Toujours gai, toujours aimable, ce monsieur Panoufle... C'est bien, c'est fort bien... d'avoir songé à moi !...

(Mariette descend à gauche.)

PANOUFLE. *

Songé à vous !... Mais dites-donc rêvé... que dis-je, rêvé ? (Apercevant Mariette.) Quelle est cette personne ?...

LA COMTESSE.

Ma femme de chambre... Continuez...

PANOUFLE.

Où en étais-je ?... Ah !... je disais... (Voyant entrer sa nièce.) Ah !...

HENRIETTE, entrant par le pan coupé de gauche. **

Eh bien! mon oncle... vous me laissez là. (Apercevant la comtesse.) Madame !...

(Elle salue.)

LA COMTESSE, allant à elle.

Bonjour, chère... Comment va, chère?...

(Elle remonte avec Henriette.)

PANOUFLE, à part,

Va, chère !... A-t-elle du cachet, cette femme-là !...

HENRIETTE, qui aperçoit le portrait de Bavolet. ***

Ah! mon oncle, voyez donc ce tableau?

PANOUFLE.

Hein ? Que vois-je ?... Quel est ce portrait ?

* Mariette, Panoufle, la comtesse.
** Mariette, Henriette, Panoufle, la comtesse.
*** Mariette, la comtesse, Henriette, Panoufle.

LA COMTESSE.

Ce portrait?... C'est celui de mon mari!...

HENRIETTE.

Son mari !

PANOUFLE.

Votre mari ?

LA COMTESSE.

Il est originaire d'Espagne... c'est un Biscayen !

PANOUFLE.

Nom d'un' bombe !

LA COMTESSE.

Le comte Stanislas y Marouflas y Bernavidès de Las Bergas, chevalier de première classe de l'ordre de l'Éléphant à cinq pattes....un rude homme, allez!... Vous le voyez, en costume national....

HENRIETTE, bas à Panoufle.

Mais, mon oncle,... c'est...

PANOUFLE, bas.

Chut! ma nièce!... (Haut.) Eh!... sans doute, il est ici... (Il passe près de la comtesse.)

LA COMTESSE. *

Non... il voyage!...

AIR : *Dans un vieux château de l'Andalousie.*

Dans un vieux château de l'Andalousie,
Il est allé voir ses nobles parents.
Si je n'écoutais que ma jalousie,
J'irais le chercher !... Mais non, je l'attends !
Je l'attends toujours, je l'attends encore,
Et je me console en l'ayant, là, peint...

PANOUFLE, à part.

Ne lui disons rien... qu'au moins elle ignore
Que son noble époux n'est qu'un galopin !

(Mariette sort par le pan coupé de gauche.)

* Mariette, la comtesse, Panoufle, Henriette.

LA COMTESSE.

Mais, les salons se remplissent... on va danser.... j'attends un pianiste... fameux... Venez, ma belle enfant... *(Henriette passe près d'elle.)** Pendant ce temps, monsieur Panoufle fera sa partie... un petit *bac*.

PANOUFLE.

Le bac?... quel bac?... Je ne connais que celui de Suresne... et encore il n'existe plus!

LA COMTESSE, passant près de Panoufle. **

Oh!... ce n'est pas un jeu difficile.... il y a ici des personnes très-complaisantes qui vous le montreront... (A Henriette.) Venez, chère belle....

ENSEMBLE.

Air : *de la Reine de Chypre.*

Ne perdons pas nos instants.
Quand le plaisir nous appelle,
A sa voix qu'on soit fidèle,
Car il fuit avec le temps.

PANOUFLE, à part.

Qu'elle est jolie!
Non, sur ma vie,
L'Andalousie
N'a rien de mieux.
Son port de reine
Ici m'entraîne,
Et sa dégaîne
Charme mes yeux.

ENSEMBLE.

Ne perdons pas nos instants,
Quand, etc.

(La comtesse et Henriette sortent par le pan coupé de droite.)

SCÈNE III

PANOUFLE, seul, regardant le portrait.

Non!... je ne me trompe pas!... Par Jupiter!... c'est Crochard!... ou plutôt le comte... qui simule des voyages

* La comtesse, Henriette, Panoufle.
** Henriette, la comtesse, Panoufle.

en Andalousie... et c'est à Tours... qu'il va faire ses fre-
daines... Pauvre comtesse!... je la plains!... Allons lui
prodiguer des consolations... Je la vois... (Il regarde par
la porte du pan coupé de droite.) Elle est au buffet!... Elle boit
du punch!... la malheureuse!... tandis que son cher
mari... qui est une canaille!... Elle mange une sand-
wich!... sans songer... Brr!... ah!... j'en frémis... Allons!... aux sandwichs!...

(Il sort par le pan coupé de droite. — Van-Truffel et Mariette entrent
par celui de gauche.)

SCÈNE IV

VAN-TRUFFEL, MARIETTE, puis BALTIMORE.

VAN-TRUFFEL.

Dis-moi, Mariette?...

MARIETTE.

Monsieur?...

VAN-TRUFFEL.

Ta maîtresse a-t-elle reçu ma broche?...

MARIETTE.

Oui... elle est enchantée... Je crois bien que c'est vous
qu'elle préfère...

VAN-TRUFFEL.

Ah! tu me verses du baume... Tiens!... (Il lui donne de
l'argent.)

MARIETTE.

Monsieur est bien bon!...

BALTIMORE, entrant par le pan coupé de gauche. *

Mariette!

MARIETTE, à part.

A l'autre, maintenant. (Haut.) Monsieur Baltimore!...

BALTIMORE, bas.

Dis-moi, as-tu donné mon bracelet?

MARIETTE, bas.

Oui.

* Van-Truffel, Mariette, Baltimore.

BALTIMORE, bas.

Eh bien ?

MARIETTE, bas.

Elle est ravie... C'est vous qu'elle aime... j'en suis sûre.

BALTIMORE, bas.

Oh !... (Il se fouille.) Tiens !... prends !... (Il lui donne de l'argent et aperçoit Van-Truffel.) Ah !... Van-Truffel !... (Il va à lui.)

VAN-TRUFFEL. *

Ce cher Baltimore !

MARIETTE, à part.

Et de deux !... A chacun son profit !

(Elle sort par le pan coupé de droite.)

VAN-TRUFFEL. **

Eh bien !... quoi de nouveau?...

BALTIMORE.

Rien encore... et vous ?

VAN-TRUFFEL.

Pas grand'chose... et cependant voilà mon relevé d'hier.

(Il tire un carnet.)

BALTIMORE, tirant le sien.

Voici le mien.

VAN-TRUFFEL, lisant.

Trois sourires...

BALTIMORE, lisant.

Dito... trois !...

VAN-TRUFFEL, lisant.

Une œillade langoureuse...

BALTIMORE, lisant.

Un regard provoquant...

VAN-TRUFFEL, lisant.

M'avoir appelé son cher ami...

---

* Van-Truffel, Baltimore, Mariette.
** Van-Truffel, Baltimore.

BALTIMORE, lisant.

M'avoir nommé son bon Baltimore...

VAN-TRUFFEL.

C'est tout.

BALTIMORE.

C'est tout.

(Ils remettent leurs carnets dans leurs poches.)

VAN-TRUFFEL.

Ça se balance.

BALTIMORE.

En effet, nous sommes balancés... Nous ne nous battrons pas encore aujourd'hui.

VAN-TRUFFEL.

C'est fâcheux !

BALTIMORE.

J'en suis désolé... mais ça viendra... J'ai pour ce soir
une idée lumineuse...

VAN-TRUFFEL.

Et moi, un projet gigantesque.

BALTIMORE.

Vous serez distancé !

VAN-TRUFFEL.

Vous avez perdu...

BALTIMORE.

Bien !... Alors nous nous égorgerons demain.

VAN-TRUFFEL.

Je l'espère !...

BALTIMORE.

Ce cher ami !... comme nous nous entendons.

(Ils se prennent affectueusement les mains.)

SCÈNE V

VAN-TRUFFEL, LA COMTESSE, BALTIMORE.

LA COMTESSE, entrant par le pan coupé de droite.

Deux rivaux qui se donnent la main... très-bien !...

BALTIMORE, *saluant.*

Charmante déesse... (A part.) Essayons mon moyen !

VAN-TRUFFEL, *saluant.*

Adorable comtesse. (A part.) Réalisons mon projet.

BALTIMORE, *bas à la comtesse.*

Si vous daigniez jeter les yeux sur ceci.

(Il lui donne un papier, sans être vu de Van-Truffel, et remonte.)

VAN TRUFFEL, *bas à la comtesse.*

Si vous vouliez prendre connaissance de ces quelques lignes ! (Même jeu.)

LA COMTESSE, *à part.*

Une... lettre... deux lettres ! (Elle ouvre les deux billets, et, après les avoir lus, part d'un éclat de rire.) Ah ! ah ! ah ! ah !

VAN-TRUFFEL et BALTIMORE, *se rapprochant d'elle.*

Vous riez ?

LA COMTESSE.

Pardon, messieurs, pardon... Mais la coïncidence est si singulière... on dirait que vous vous êtes donné le mot... vous me faites tous deux l'honneur de vouloir m'enlever... Regardez.

(Elle donne à chacun la lettre de son rival.)

VAN-TRUFFEL, *à part.*

Ah ! le traître !

BALTIMORE, *à part.*

Le sournois !

LA COMTESSE.

Franchement... vous avouerez que je ne puis être enlevée... par chacun de vous, le même jour et à la même heure !...

VAN-TRUFFEL.

Non... mais vous pouvez faire un choix... je vous emmène en Hollande... dans mes domaines...

BALTIMORE.

Je vous conduis en Californie... dans mes gisements... J'ai des pépites d'or à remuer à la pelle...

VAN-TRUFFEL.

J'ai une fabrique de curaçao...

BALTIMORE.

J'ai six nègres... à manger par jour!...

LA COMTESSE.

Eh!... messieurs... que me font vos nègres... et votre cûraçao?... je ne m'appartiens pas!...

BALTIMORE et **VAN-TRUFFEL**, ensemble.

Ah!... si vous n'étiez pas mariée!...

LA COMTESSE, à part.

Allons donc!... ils y viennent. (Haut.) Malheureusement... je suis en puissance... et cependant...

VAN-TRUFFEL.

Hein?...

BALTIMORE.

Vous dites?...

LA COMTESSE.

Il y a bien longtemps que je n'ai eu de ses nouvelles! Ecoutez-moi, je vais vous ouvrir la cachette où j'enferme mes chagrins domestiques... (A part.) Que diable vais-je leur conter?... Ah! (Haut.) J'avais quatorze ans... quand j'épousai le comte de Las Bergas... En Espagne, vous le savez, les demoiselles se marient très-jeunes, ça tient au climat... Au bout de quelques années d'union... le comte de Las Bergas... m'abandonna...

BALTIMORE.

Oh!...

LA COMTESSE.

Pour suivre une gitana... des montagnes...

VAN-TRUFFEL.

Oh!... vous préférer... une gitana!...

BALTIMORE.

Le monstre!...

LA COMTESSE.

Depuis... j'appris... que le comte de Las Bergas, ruiné et n'osant plus se présenter devant moi qui avais tant de reproches à lui faire... avait embrassé la profession... de toréador, à Pampelune...

VAN-TRUFFEL.

Toréador!...

LA COMTESSE.

Oui... toréador! un Las Bergas!... Voilà plus d'un an... que je n'ai entendu parler de lui... et peut-être...

VAN-TRUFFEL.

Achevez!

BALTIMORE.

Je devine!...

LA COMTESSE.

J'aime à penser... que dans ses nombreuses courses... il aura trouvé un trépas... aussi honorable pour lui que satisfaisant... pour moi... Mais ce n'est qu'un vague espoir... Suis-je veuve? ne le suis-je pas?... Cela dépend d'un taureau... J'attends des lettres...

BALTIMORE.

Et... ces lettres?...

VAN-TRUFFEL.

Tarderont-elles à arriver?

LA COMTESSE.

Non... demain... (A part.) demain je serai complétement veuve... (Haut.) Mais pardon... je rentre dans les salons... mon absence au buffet doit être remarquée... (A part.) Ils ont très-bien gobé la chose...

ENSEMBLE.

AIR *du Triolet bleu.*

VAN-TRUFFEL et **BALTIMORE**, à part.	**LA COMTESSE**, à part.
Oui, je garde l'espoir De lui parler ce soir, Et je veux Que mes feux Favorisent mes vœux.	Ils conservent l'espoir De me parler ce soir, Et je veux Que leurs feux Favorisent mes vœux.

(Elle leur fait signe de la main et sort par le pan coupé de droite. Van-Truffel la reconduit jusqu'à la porte et redescend à droite.)

SCÈNE VI

BALTIMORE, VAN-TRUFFEL.

VAN-TRUFFEL.

Eh bien !... Baltimore ?...

BALTIMORE.

Ecoutez-moi... si elle est veuve... c'est-à-dire libre...
nous continuons toujours à nous entre-tuer !...

VAN-TRUFFEL.

Parbleu !...

BALTIMORE.

Si, au contraire... le Las Bergas... existe encore... par-
courons les Espagnes... attrapons-le... nous le provo-
quons...

VAN-TRUFFEL.

Je vous ai deviné... Ah ! ce toréador n'a qu'à bien se
tenir.

(Il menace le portrait.)

BALTIMORE.

Si jamais je le rencontre, il passera un vilain quart
d'heure !...

VAN-TRUFFEL.

Venez, cher ami... allons retrouver la comtesse en
attendant que nous supprimions son mari...
(Ils sortent par le pan coupé de droite. — Au même instant, entre
par la porte gauche Bavolet, précédé d'un domestique.)

SCÈNE VII'

BAVOLET, un domestique.

LE DOMESTIQUE, venant de la droite.

Entrez, monsieur... (A part, examinant Bavolet.) C'est singulier?... (Regardant le portrait.) Quelle ressemblance !...

BAVOLET, habillé en noir.

Ayez la bonté de prévenir madame la comtesse de
Las Bergas que je suis là.

LE DOMESTIQUE, l'examinant toujours.

Qui faut-il annoncer?

5.

BAVOLET.

Dites que je viens de la part de Gigandin, le célèbre pianiste... elle saura ce que cela veut dire.

LE DOMESTIQUE.

Bien, monsieur. (A part, regardant encore Bavolet et le portrait.) C'est singulier !

(Il sort par le pan coupé de droite.)

BAVOLET, seul.

Quand je songe que je vais jouer des polkas, des rédovas... un tas de choses très-gaies... lorsque j'ai la mort dans l'âme... Je m'étais flatté de rattraper monsieur Pantoufle... pour me blanchir à ses yeux... pas moyen de pénétrer chez lui... Je passe mes jours et mes nuits à ma lucarne, afin de la voir arroser ses fleurs, et rien, rien !...

AIR : *du Fleuve de la vie.*

L'amour, qu'un doux espoir fait naître,
Pour jamais va s'évanouir ;
J'ai beau me mettre à ma fenêtre,
Non, je ne vois plus rien venir.
Faut-il perdre toute espérance ?
Faut-il la bannir de mon cœur ?
Quand j'éprouvais tant de bonheur...
    Par un jour de souffrance !

(Regardant à droite.)

On vient... (Soupirant.) Concentre ta douleur, Bavolet, et appelle sur tes lèvres un sourire mensonger !...

(La comtesse entre par le pan coupé de droite.)

SCÈNE VIII

BAVOLET, LA COMTESSE.

BAVOLET, saluant.

C'est à madame... la maîtresse de céans que j'ai l'honneur de parler ?...

LA COMTESSE.

Oui... monsieur...

BAVOLET.

Je viens, madame, de la part de Gigandin... il est malade... vous comprenez.

LA COMTESSE.

C'est contrariant... moi qui avais annoncé... (Le regardant.) Ah ! mon Dieu !

BAVOLET, se retournant.

Quoi donc ?

LA COMTESSE, regardant Bavolet et le portrait, à part.

Ça n'est pas possible !... Mais, si !... ce sont bien les mêmes traits !...

BAVOLET, à part.

Je produis un drôle d'effet.... Est-ce que ça va recommencer comme à Fontainebleau ?

LA COMTESSE, à part.

L'original du portrait ? Est-ce bizarre !... Et moi qui l'ai présenté à tout le monde comme mon mari... (Haut.) Monsieur !....

BAVOLET.

Madame !...

LA COMTESSE.

Fuyez, fuyez vite... avant que personne ne vous voie...

(Elle passe à gauche.)

BAVOLET, à part. *

Comment, j'arrive pour être mis à la porte !... C'est impossible... elle se méprend. (Haut.) Permettez...je viens... c'es tpour le piano... Bavolet... auteur d'une méthode...

LA COMTESSE.

Il est bien question de cela... Vous n'avez pas un instant à perdre... partez !... partez !...

(Elle le fait passer à gauche.)

BAVOLET. **

Mais, madame !...

(La porte du pan coupé de gauche s'ouvre et le domestique parait, introduisant quelques invités, — Ritournelle de l'air suivant.)

* La comtesse, Bavolet.
** Bavolet, la comtesse.

LA COMTESSE, bas.

Du monde!... Il n'est plus temps! (Très-vite.) Je vous en prie, monsieur, dites comme moi.... Ne me démentez pas... vous me sauvez la vie.... Tenez... voilà... votre... cachet... de pianiste.... Dix louis... c'est bien payé.

(Elle lui fourre une bourse dans la main.)

BAVOLET.

Dix louis!... pourquoi faire?

(Van-Truffel, Baltimore et d'autres invités entrent par le pan coupé de droite.)

SCÈNE IX

Les Mêmes, VAN-TRUFFEL, BALTIMORE, Invités.

(Pendant le chœur, la comtesse va saluer les nouveaux arrivants.)

CHOEUR. *

Air de J. Nargeot : *Madame Roger-Bontemps.*

C'est le comte, c'est lui !
Plein d'amour, de tendresse,
Auprès de la comtesse
Il revient aujourd'hui !

VAN-TRUFFEL, à la comtesse.

Est-ce vrai, ce que votre domestique vient de nous dire?... le comte de Las-Bergas...

LA COMTESSE.

Oui, messieurs, mesdames... (Prenant la main de Bavolet.) J'ai l'honneur de vous présenter monsieur le comte de Las Bergas, mon mari...

BAVOLET, étonné.

Hein?... Ah ça!...

LA COMTESSE, l'arrêtant et bas.

Silence!... vous avez dix louis. (Haut.) Il est revenu incognito... il voulait me faire une surprise... (A Bavolet.) N'est-ce pas, mon ami, que vous vouliez me faire une surprise?

* Bavolet, la comtesse, Van-Truffel, Baltimore.

BAVOLET.

Oui... oui... (A part.) mais la surprise est pour moi!

BALTIMORE, s'approchant.

C'est tout à fait aimable... (A part.) Je le tuerai!

VAN-TRUFFEL, de même.

C'est charmant... (A part.) C'est un homme mort.

(Il passe à droite.)

BAVOLET, à la comtesse. *

Mais, madame...

LA COMTESSE, bas à Bavolet.

Ce rôle de mari ne durera qu'une soirée... ne me perdez pas...

BAVOLET, à part.

Bah! au fait! pour une soirée... et puis, j'ai dix louis.

LA COMTESSE, à Bavolet.

Mon ami... permettez-moi de vous présenter... à monsieur et à madame de Saint-Ernest!...

(Elle le présente. — Salutations.)

BAVOLET, à part.

C'est une belle femme... ma femme provisoire!

LA COMTESSE, de même.

Monsieur le chevalier de Triste-Borne...

(Salutations.)

BAVOLET, à part.

Est-ce qu'elle va me présenter à toute la société?

LA COMTESSE, bas à Bavolet.

Donnez la main.

BAVOLET, bas.

Comment! que je donne?... Ah! bien!... (A part.) comme Munito... je donne la patte au commandement! (Donnant la main au chevalier.) Monsieur de Triste-Borne... (Bas à la comtesse.) Voilà!

LA COMTESSE, bas.

Je suis contente de vous...

* Bavolet, la comtesse, Baltimore, Van-Truffel.

BAVOLET.

Ah !...

LA COMTESSE, avec explosion.

Ah ! qu'il est doux de revoir son époux après une longue absence.

BAVOLET.

Ah ! oui ! (Bas.) Il paraît qu'il y avait longtemps !...

LA COMTESSE, bas à Bavolet.

Embrassez-moi !...

BAVOLET.

Que je...

LA COMTESSE, bas.

Embrassez-moi donc ?

(Bavolet l'embrasse.)

BALTIMORE et VAN-TRUFFEL, à part.

Ils s'embrassent.... oh !...

LA COMTESSE, à Bavolet.

Rentrons dans les salons.

BAVOLET.

Oui... rentrons dans les salons...

LA COMTESSE.

Je veux que tout ici respire la joie et le plaisir... L'enfant prodigue est rentré au bercail... (Bas à Bavolet.) Dans dix minutes... vous filerez !... (Haut.) Venez, ami... que je vous présente à mes autres invités ..

BAVOLET, à part.

Encore ? c'est fatigant !... Mais, bah ! je suis payé.

LA COMTESSE, à Bavolet.

Eh bien ! venez...

(Bavolet va pour offrir sa main à la comtesse, mais Baltimore le
prévient.)

CHOEUR. *

AIR de Zampa.

Enfin, après une si longue absence,
Elle a revu son noble et tendre époux.

---

* Bavolet. Baltimore, la comtesse. Van-Truffel.

C'est un beau jour d'amour et d'espérance :
Pour tous les deux, que ce moment est doux !

(La comtesse, Baltimore et les invités sortent par le pan coupé de
droite.)

BAVOLET, à part.

Rentrons dans mes salons...
(Il va pour suivre les invités, lorsqu'il se trouve arrêté par Van-
Truffel qui est resté à la porte.)

SCÈNE X

BAVOLET, VAN-TRUFFEL.

VAN-TRUFFEL, arrêtant Bavolet.

Un instant, s'il vous plaît ?

BAVOLET, à part.

Qu'est-ce qu'il me veut, celui-là ?...

VAN-TRUFFEL.

Monsieur le comte, je suis un ami de la maison.

BAVOLET.

Ah !... du moment que vous êtes un ami... les amis ..
de nos amis...

(Il lui prend la main.)

VAN-TRUFFEL.

Enchanté !.. enchanté. C'est une vie pleine d'émo-
tions, n'est-ce pas, que celle de toréador ?

BAVOLET.

Toréador ? On le dit, on le dit... (A part.) Qu'est-ce
que ça me fait, à moi, les toréadors ?

(Il va pour s'en aller.)

VAN-TRUFFEL, le retenant.

Quel tableau !... quand on a devant soi un animal
furieux et mugissant, l'œil en feu, la bouche écumante,
le naseau dilaté...

BAVOLET, à part.

Qu'est-ce qu'il me chante avec ses naseaux ?...

VAN-TRUFFEL.

La vie de Paris est bien pâle... bien fade... à côté de pareilles choses... Ici... pas le plus petit taureau... quelques vaches landaises, tout au plus... Avouez que ça vous manquera ?...

BAVOLET.

Je l'avouerai si ça peut vous faire plaisir, mais permettez... (Passant à droite.) Madame la comtesse de Las Bergas...

VAN-TRUFFEL, le retenant. *

Comte, je veux vous procurer une petite distraction...

BAVOLET.

Ma foi ! je veux bien ! (A part.) Il a l'air très-gai, ce monsieur !...

VAN-TRUFFEL.

D'abord, je dois vous confesser une chose : j'aime votre femme !

BAVOLET, tranquillement.

Tiens ! tiens !

VAN-TRUFFEL.

Je l'adore !... je l'idolâtre !

BAVOLET, tranquillement.

Qu'est-ce que ça me fait ?... (Se reprenant.) C'est-à-dire, non... (Avec feu.) Comment... vous aimez ma femme ?...

VAN-TRUFFEL.

Très-bien... et vous comprenez que vous, son mari, vous me gênez...

BAVOLET.

Je comprends cela !

VAN-TRUFFEL.

Donc, je vous propose une partie...

BAVOLET.

Ah ! bah !... jouer ma femme, peut-être ?

* Van-Truffel, Bavolet.

VAN-TRUFFEL.

Oui, monsieur.

BAVOLET.

Au bézigue ?

VAN-TRUFFEL.

Non, monsieur... au sabre... ou au poignard !

BAVOLET, étonné.

Hein ?

VAN-TRUFFEL.

Rassurez-vous : vous aurez le choix des armes... et, pour que vous ayez tous les avantages, je vais vous donner un soufflet publiquement, afin de régulariser les choses.

BAVOLET, à part.

Il appelle cela régulariser les choses !

VAN-TRUFFEL, remontant vers le pan coupé de droite.

Allons, venez, monsieur, que je vous soufflète !

BAVOLET, avec force.

Eh bien !... soit!... (Gagnant la gauche.) Je n'irai pas !...

VAN-TRUFFEL. *

Je saurai bien vous y forcer !...

BAVOLET, à part.

Ah! bien ; mais, alors, j'aime mieux rendre l'argent !..

SCÈNE XI

LES MÊMES, BALTIMORE.

BALTIMORE, entrant par le pan coupé de droite. **

Ah !... Van-Truffel.., vous m'avez prévenu... ça n'est pas bien... (Appuyant.) ça n'est pas bien !...

BAVOLET, à part.

Ah ! en voilà un qui vient à mon secours ! (Haut, à Baltimore.) N'est-ce pas, que ça n'est pas bien ?

* Bavolet, Van-Truffel.
** Bavolet, Baltimore, Van-Truffel.

BALTIMORE, à Van-Truffel.

Je ne souffrirai pas que vous vous battiez avec monsieur...

BAVOLET.

C'est ça, il ne souffrira pas ! (A part.) A la bonne heure, il me va, celui-là ! il a une bonne figure...

VAN-TRUFFEL.

Cependant...

BALTIMORE.

Non, ce ne sont pas là nos conventions..., et puisque vous le prenez ainsi... (Se retournant vers Bavolet.) Mon cher monsieur, quelles sont vos armes?

BAVOLET, à part.

Hein?... Lui aussi !

BALTIMORE.

La carabine, ou le revolver?...

BAVOLET, passant au milieu, à part.

La carab..., le revolv... Il vous propose ça... comme on dirait : Voulez-vous un grog ou une demi-tasse?

BALTIMORE. *

Tenez !... j'ai une idée qui concilie tout...

BAVOLET.

Ah !... Eh bien ! à la bonne heure, voyons-la !...

BALTIMORE.

Van-Truffel, ne bougez pas... (A part, en lui prenant la main.) Pardon, monsieur... (Il le place au milieu, au second plan, et redescend à gauche, en face de Van-Truffel.) Sur le terrain, nous nous plaçons comme ceci, en triangle... (Désignant Bavolet.) monsieur le comte au sommet...

BAVOLET.

Ah ! bien, moi au sommet... (A part.) Quel est son plan ? (Haut.) Je suis au sommet, allez !...

BALTIMORE.

Monsieur... (Montrant Van-Truffel.) tire sur vous et il vous manque...

* Baltimore, Bavolet, Van-Truffel.

BAVOLET.

l me manque... ça me va !...

BALTIMORE.

Ou il vous blesse.

BAVOLET.

Ah ! ça me va moins...

BALTIMORE.

A votre tour, vous tirez sur moi..., je tire sur monsieur..., et ainsi de suite, jusqu'à ce qu'il n'en reste plus qu'un debout !...

BAVOLET, redescendant.

Une petite boucherie, quoi !... un simple carnage !...

(il passe à gauche.)

BALTIMORE, à Van-Truffel.[*]

Qu'est-ce que vous dites de ça ?...

VAN-TRUFFEL.

C'est très-excentrique !... Ça me va complétement !... Bravo !... bravo !...

BAVOLET, avec éclat, à part.

Et on laisse sortir ces animaux-là sans muselières ?...

VAN-TRUFFEL.

Je vais chercher mes pistolets.

BALTIMORE.

Moi, les miens !...

VAN-TRUFFEL.

Monsieur le comte nous attendra...

BAVOLET.

Comment donc !... (A part.) Compte là-dessus !...

ENSEMBLE.

AIR *du Châlet.*

BAVOLET.

Quelle fureur et quelle rage !
Ils veulent me tuer tous deux !
Mais je m'oppose à ce carnage :
Je vais quitter ces lieux !

[*] Bavolet. Baltimore. Van-Truffel,

VAN-TRUFFEL et BALTIMORE.

Nous nous battrons avec courage !
L'amour nous guide tous les deux.
C'est une scène de carnage :
Echarpons-nous à qui mieux mieux !

(Van-Truffel et Baltimore sortent par le pan coupé à droite.)

SCÈNE XII

BAVOLET, puis HENRIETTE.

BAVOLET, seul.

C'est-à-dire que je vais, en ma qualité de musicien,
exécuter un solo d'escampette, et...

(Il va pour sortir par la porte de gauche.)

HENRIETTE, entrant par le pan coupé de droite. *

Où donc est mon oncle!... (Apercevant Bavolet.) Oh!...

BAVOLET, se retournant.

Oh! c'est elle!... elle ici!... (Allant à elle.) Henriette!...

HENRIETTE.

Vous, monsieur!... vous avez osé nous suivre?...

BAVOLET.

Ah! mademoiselle... depuis huit jours... vous n'ou-
vrez donc plus votre fenêtre?...

HENRIETTE.

Non, monsieur.

BAVOLET.

Et votre oncle... me fermera donc toujours sa porte ?

(Il se rapproche d'elle.)

HENRIETTE.

Oui, monsieur... mais n'approchez pas!...

(Elle passe à gauche.)

BAVOLET. **

Mais je ne suis pas coupable... Il y a erreur, malen-
tendu, quiproquo, que sais-je?... Je vous jure que je
suis innocent !

* Bavolet, Henriette.
** Henriette, Bavolet.

HENRIETTE.

Non, monsieur... je ne veux pas vous entendre !

BAVOLET.

Oh ! si, Henriette... vous consentirez à écouter mes explications... Mais, pardon... je m'expliquerai mieux à genoux...

(Il se met à genoux.)

HENRIETTE.

Monsieur...

BAVOLET.

Je ne me relèverai pas que vous ne m'ayez pardonné !... (Lui prenant la main.) Donnez-moi votre main... je m'expliquerai mieux avec votre main sur mes lèvres ! Oh ! Henriette !...

(Il lui baise la main.— Panoufle entre par le pan coupé de droite.

SCÈNE XIII

LES MÊMES, PANOUFLE.

PANOUFLE, à lui-même. *

Quel jeu bizarre, que ce petit bac !... J'ai gagné cinquante-cinq sols et j'avais mis trente francs au chandelier !... (Apercevant Bavolet et sa nièce.) Par Jupiter ! que vois-je ?... Un habit noir aux bottines de ma nièce !...

(Il va les séparer.)

BAVOLET, se relevant, à part. **

Oh ! l'oncle !... (Haut.) Monsieur... je viens me blanchir !...

PANOUFLE, le reconnaissant.

Crochard !... c'est-à-dire, non, le comte !... Misérable ! vous êtes bien heureux d'être chez vous... Je connais la loi... sans ça...

BAVOLET.

Je demande à placer un mot !... Monsieur Pantoufle !...

* Henriette, Bavolet, Panoufle.
** Henriette, Panoufle, Bavolet.

PANOUFLE.

Panoufle!

BAVOLET.

Laissez-moi parler?

PANOUFLE.

Mais tes trois enfants? mais Phrasie, cette jeunesse de Bordeaux?... mais ta femme, ta femme légitime, une femme charmante?... Tu renies tout cela... et pourquoi?... pour chercher à séduire ma nièce... Arrière! (A Henriette.) Viens!...

BAVOLET.

Mais, je suis célibataire!...

PANOUFLE.

Quel front! Mais, affreux hidalgo, tu jongles avec les choses les plus vénérées!...

BAVOLET.

Je suis sans enfants!... Phrasie... connais pas!... Bordeaux... connais pas!... Écoutez-moi, monsieur Pantoufle!...

PANOUFLE.

Panoufle!... encore une fois... N'écorche ni mon nom ni mes oreilles... Va-t'en! tu m'agaces les nerfs... tu m'horripiles... Par Jupiter!... va-t'en! va-t'en! va-t'en!

(La comtesse entre par le pan coupé de droite.)

SCÈNE XIV

LES MÊMES, LA COMTESSE.

LA COMTESSE, accourant. *

Quel est ce bruit? Qu'y a-t-il?

PANOUFLE.

Tiens! célibataire, voilà ta femme!

BAVOLET.

Ça n'est pas vrai!...

LA COMTESSE.

Que dites-vous, mon ami?

---

* Henriette, Panoufle, la comtesse, Bavolet.

BAVOLET.

Moi... pas votre ami !... Moi reprendre mon indivi-
dualité... Je rentre dans ma peau... Je suis...

LA COMTESSE, à Bavolet.

Mais vous êtes fou !

BAVOLET, bas à la comtesse.

Décidément, je rends l'argent... j'aime mieux cela !...
(Il lui rend la bourse.)

LA COMTESSE, la reprenant, à part.

Et moi aussi... (Haut.) Mais, comte, revenez à vous...
(A Panoufle.) Voyez-vous, mon cher monsieur Panoufle...
les voyages lui ont tapé sur le cerveau.

BAVOLET.

Mais, sacrebleu ! ne l'écoutez pas !... Je ne suis pas son
mari... J'ajouterai même que je ne l'ai jamais été... Ah !

LA COMTESSE.

Mais, monsieur, vous ne songez pas que je puis prouver...

BAVOLET.

Prouver ? Ah ! bien, elle est bonne celle-là... Je demande les preuves... les preuves...

LA COMTESSE, montrant le portrait.

Si vous n'étiez pas le comte Marouflas de Las Bergas...
comment aurais-je ici, dans mon boudoir, ce portrait de
vous... en costume national ?...

BAVOLET, stupéfait et allant décrocher le portrait.

Mon portrait !... mon portrait !... mon nez !... mes
yeux !... ma bouche !... moi, qui ne me suis jamais fait
peindre !...

PANOUFLE, à Bavolet, en passant près de lui. *

Eh bien ! comte... qu'en dites-vous ?...

BAVOLET, à part.

Ceci dépasse tout ce qu'on a vu de plus fort... par delà
les Pyrénées... (Haut.) Mais...

* Henriette, la comtesse, Panoufle, Bavolet.

PANOUFLE.

C'est bien... Pas un mot de plus!... Je vous laisse en proie à vos remords... Quant à vous, comtesse, je vous quitte, en vous plaignant d'appartenir... à un pareil cocodès!

BAVOLET.

Cocodès!

PANOUFLE.

Cocodès!... c'est espagnol!... (A la comtesse.) Nous sommes deux à souffrir, madame... (Bas.) Moi, qui voudrais me débarrasser de ma nièce pour être libre... vous, que je voudrais voir délivrée de ce Marouflas... pour vous adorer à jamais!...

LA COMTESSE.

Monsieur Panoufle!...

PANOUFLE, bas.

Vous m'avez compris!... vous m'avez compris!... (La comtesse, jouant la pudeur, passe à gauche. — A part.) Elle m'a compris!... (Haut, à Henriette.) * Viens! ma nièce!... laissons cet Espagnol dégénéré... (Il prend le bras d'Henriette et salue gracieusement la comtesse; puis, en passant devant Bavolet il lui dit :) Tiens!... tu!... tu!... (Il fait le simulacre de cracher à terre.) voilà comment je te regarde! (Saluant de nouveau la comtesse.) Madame... (Il remonte avec sa nièce.)

BAVOLET, les suivant.

Mais, mademoiselle...

PANOUFLE, se retournant avec indignation.

Arrière, Marouflas!... arrière!...
(Il sort fièrement par le pan coupé de gauche, avec sa nièce sous le bras.)

SCÈNE XV

LA COMTESSE, BAVOLET.

LA COMTESSE, à Bavolet, qui est demeuré atterré.

Croyez bien, monsieur, que les circonstances seules...

* La comtesse. Henriette, Panoufle, Bavolet.

BAVOLET, posant le portrait sur une chaise à droite.

Ah ! vous avouez !... (Allant à la porte du pan coupé de gauche et criant.) Monsieur Pantoufle... vous l'entendez !...

LA COMTESSE. *

Mais ne le rappelez pas... c'est inutile...

BAVOLET.

Mais puisque vous convenez...

LA COMTESSE.

Oui... quand il n'y a personne .. je vous fais des excuses... mais, quand il y a du monde... vous êtes mon mari.

BAVOLET.

Je cours sur ses pas... et...

(Il va pour sortir par le pan coupé de gauche, mais entrent par le même côté Van-Truffel, puis Baltimore.)

SCÈNE XVI

LES MÊMES, VAN-TRUFFEL, puis BALTIMORE, puis MARIETTE.

VAN-TRUFFEL, arrêtant Bavolet. **

On ne passe pas !

BAVOLET.

Vous !...

(Il le fait pirouetter et va pour sortir.)

BALTIMORE, l'arrêtant à son tour. ***

Un instant !...

BAVOLET, entre les deux hommes.

Allons, bon !

MARIETTE, accourant par le pan coupé de droite. ****

Madame!... madame!...

(Musique à l'orchestre, jusqu'au chœur.)

* Bavolet, la comtesse.
** Van-Truffel, Bavolet, la comtesse.
*** Van-Truffel, Bavolet, Baltimore, la comtesse.
**** Van-Truffel, Bavolet, Baltimore, la comtesse, Mriette.

LA COMTESSE.

Qu'y a-t-il?

MARIETTE, bas.

Il y a en bas des hommes... des agents...

LA COMTESSE, bas.

Pourquoi cela?

MARIETTE, bas.

Ils disent... qu'on joue ici... et qu'on a mis au flam-
beau !

LA COMTESSE, bas.

Je sais ce que c'est!... ça m'est déjà arrivé !... Viens,
Mariette... suis-moi...

(Elle sort avec Mariette par la porte de droite.)

BAVOLET, criant. *

Madame!... ne me laissez pas avec ces hommes-là....
ils vont me massacrer...

(Il va pour suivre la comtesse.)

BALTIMORE, le retenant.

Ne bougez pas !

(Trois agents entrent par le pan coupé de gauche. — Quelques invités, attirés par le bruit, entrent par le pan coupé de droite.)

SCÈNE XVII

UN AGENT, VAN-TRUFFEL, BAVOLET BAL-
TIMORE, DEUX AUTRES AGENTS, INVITÉS, puis
MARIETTE.

UN AGENT.

Que personne ne sorte !... Où est la comtesse de Las
Bergas ?...

MARIETTE, rentrant par la porte de droite. **

Madame la comtesse?... elle vient de partir... Mais
voici monsieur le comte, son mari...

(Elle montre Bavolet.)

* Van-Truffel, Bavolet, Baltimore.
** L'agent, Van-Truffel, Bavolet, Baltimore. Mariette.

L'AGENT, à Bavolet.

Ah!... alors, je vous arrête!...

BAVOLET, passant près de l'Agent. *

Moi? pourquoi ça?

L'AGENT.

Vous tenez une maison de jeu...

BAVOLET.

On se trompe... je ne suis pas comte... je ne suis pas un Espagnol...

MARIETTE.

Ne l'écoutez pas, messieurs... c'est bien mon bourgeois... (Montrant le portrait.) Tenez, voici son portrait!...

L'AGENT.

Allons, malin, suivez-nous.

BAVOLET.

Moi... un malin!... Ah! gredin de portrait!...

CHOEUR.

AIR *de Wallace.*

Un ordre doit suffire,
Et, sans plus de raison,
Sans bruit et sans mot dire,
Suivez-⎱ nous ⎰ en prison !
⎰ les ⎱

(Les agents ont saisi Bavolet et se disposent à l'entraîner.)

* L'agent, Bavolet, Van-Truffel, Baltimore, Mariette.

FIN DU DEUXIÈME ACTE.

ACTE TROISIÈME

Chez M. Charançon.

Un petit salon. — Porte au fond. — Deux autres portes au troisième
plan, une à gauche, l'autre à droite. — A gauche, deuxième plan,
la porte d'un placard : quand elle est ouverte, on voit des pots de
confitures rangés sur des rayons. — A droite, deuxième plan, une
cheminée avec devant de cheminée. Sur cette cheminée, une pen-
dule et deux candélabres allumés. — Un bahut de chaque côté de
la porte du fond. — Une table et deux chaises au milieu. —
Autres siéges.

SCÈNE PREMIERE

CHARANÇON, seul, entrant par la porte de droite sur la pointe
du pied. Il a son carnet à la main et le pose sur la table, et va
mettre le verrou à la porte du fond

Ma femme est descendue... Elle jabote avec la voisine !... J'ai du temps devant moi... (Allant au bahut de gauche et en tirant le portrait de Bavolet en Suissesse et des papiers.)
Admirons le portrait de ma dulcinée... (Il pose le portrait
sur une chaise à droite.) et relisons les vers que j'ai com-
posés à son adresse... (Parlant au portrait.) On vous a fait
des vers !... (Parcourant les papiers.) Ça n'est pas cela !...
c'est d'Olympia !... Encore un ange que j'ai bien aimée...
Seulement... elle avait un tic.... un bien vilain tic !...
Elle avait toujours besoin de mille francs !... M'en a-t-
elle envoyé, de ces lettres ?... Elle écrivait bien... sans
orthographe... mais elle écrivait bien !... Bah !... il ne
s'agit plus d'Olmypia, de cette danseuse !... mais de
Kettly... de mon Helvétienne ! (Il regarde le portrait.) La
voilà !... Je la couve de mes regards !... quand ma femme
n'est pas là... Je me repais de cette image ?... Je lui
ai fait des vers... que je me dis à moi-même jusqu'à ce

que je la retrouve... O Kettly... tu as mon adresse... quand
viendras-tu ?... (Il déplie un papier.) Voici ces vers... c'est un
lai!... Il a un parfum de ballade... quelque chose... *de
ranz*... du ranz des vaches... Je me le commence :

> Le papillon suit la chandelle,
> Comme l'amant suit la beauté :
> Le papillon brûle son aile,
> L'amant brûle sa liberté.

La, la itou... (*bis.*)

> A la Suisse brûlons des cierges...
> La Suisse garde nos foyers,
> La Suisse a produit des concierges,
> Elle est la mère des portiers !...

La, la itou... (*bis.*)

(On frappe au fond.)

Du bruit !...

MADAME CHARANÇON, en dehors.

Charançon !...

CHARANÇON.

Ma femme !...

MADAME CHARANÇON, en dehors, frappant.

Ouvrez-moi donc !...

CHARANÇON.

Grands Dieux !... ce portrait ! ces lettres !... aurai-je
le temps ? (Il va pour les remettre dans le bahut.) Non!... Ah !...
(Il ôte vivement le devant de la cheminée et y jette les lettres et le
portrait ; puis il referme.)

MADAME CHARANÇON, en dehors, frappant toujours,

Mais voyons donc, Hector !...

CHARANÇON.

Voilà, bobonne, voilà !...

(Il va tirer le verrou de la porte du fond.)

7

SCÈNE II

MADAME CHARANÇON, CHARANÇON.

MADAME CHARANÇON, entrant vivement.

Pourquoi étiez-vous enfermé, Hector?

CHARANÇON.

Moi... pas du tout... pas du tout!...

MADAME CHARANÇON.

Comment se fait-il que je ne pouvais pas ouvrir?

CHARANÇON.

Je vais te dire!... c'est la serrure qui a un rat... tu comprends?... un rat... On veut ouvrir... et puis, crac...

MADAME CHARANÇON.

Vous savez qu'on ne m'en fait pas accroire!...

CHARANÇON.

Que tu es drôle, ma bonne amie, avec tes idées!... que tu es donc drôle!... Au fait... oui... là... je me souviens... maintenant... j'avais fermé la porte...

MADAME CHARANÇON.

Ah! vous en convenez... et pourquoi, monsieur, pourquoi?...

CHARANÇON.

Nous approchons... du 30... c'est la liquidation à la Bourse... et j'apurais mes petits comptes... Tiens!... à preuve... mon carnet est encore tout ouvert sur la table... tu vois...

MADAME CHARANÇON.

Chansons que tout cela!... Prenez garde à vous... monsieur Charançon... je suis de Nanterre!...

CHARANÇON.

Comme les petits gâteaux!... Ah!... Nanterre... doux souvenirs!...

MADAME CHARANÇON.

Oui, parlons-en!... Vous m'avez empêchée d'être rosière!!! Ah!... si jamais vous me trompiez!... si jamais vous aviez des allures... si jamais je sentais la chair fraîche dans le domicile conjugal...

CHARANÇON.

AIR *de l'Écu de six francs.*

Peux-tu me soupçonner, bobonne ?

MADAME CHARANÇON.

Oh ! si j'ai des preuves, vaurien,
J'evous en ménage une bonne,
Et qui vous étonnera bien ;
Oui, cela vous surprendra bien.

CHARANÇON.

Que feras-tu ?... De la franchise !...

MADAME CHARANÇON.

Je garde pour moi mes secrets.
Si j' vous disais ce que j' vous f'rais,
Vous n'en auriez plus la surprise.
Je n' vous dis pas ce que j' vous f'rais.
Pour vous en laisser la surprise.

SCÈNE III

LES MÊMES, PANOUFLE, HENRIETTE.

PANOUFLE, entrant par le fond avec sa nièce. *

C'est moi !... ne vous dérangez pas...

CHARANÇON.

Tiens ! Panoufle !...

MADAME CHARANÇON, allant à Henriette.

Cette chère enfant !... Par quel hasard, à cette heure !...

PANOUFLE.

C'est toute une histoire !...

MADAME CHARANÇON, à Henriette.

Mais vous êtes mouillée !...

HENRIETTE.

Oui, la pluie nous a surpris en route... et...

PANOUFLE, l'interrompant.

Laisse-moi dire, Henriette... je raconte mieux que toi... Oui, la pluie nous a surpris... Pas de parapluie... pas de voiture... Alors, comme nous passions devant

* Madame Charançon, Henriette, Panoufle, Charançon.

chez vous... j'ai dit à Henriette : Tiens!... si j'allais faire
un domino avec Charançon?

MADAME CHARANÇON.

C'est très-aimable... mais d'abord il faut vous sé-
cher !...

PANOUFLE.

Oui !...

MADAME CHARANÇON.

Je vais dire à Justine de faire du feu.

(Elle remonte.)

CHARANÇON.

Tu sais bien que Justine est allée voir *Fanfan la Tu-
lipe*.

MADAME CHARANÇON.

Eh bien ! je vais en faire moi-même.

(Elle va à la cheminée; Charançon se met vivement devant elle.)

CHARANÇON, à part. *

Bigre!... (Haut.) Non... pas ici... la pièce est trop
grande... Viens là, Panoufle, dans ma chambre à cou-
cher...

(Il montre la droite.)

MADAME CHARANÇON.

Mais pourquoi donc?

CHARANÇON.

Viens, Panoufle!...

PANOUFLE.

Un instant... J'ôte mon paletot...

(Il a ôté son paletot, qu'il dépose sur une chaise au fond.)

HENRIETTE, continuant son récit.

Alors nous sommes montés... et...

PANOUFLE, l'arrêtant.

Laisse-moi continuer, Henriette, je raconte mieux que
toi... Nous sommes montés... et, dans l'escalier, sur le
palier de la porte... nous avons reconnu votre voix à
tous deux... Ah! mes enfants!... prenez-y garde... vous

* Henriette, Panoufle, madame Charançon, Charançon.

donnez à vos voisins le scandale de divisions intestines...
vous ne paraissez pas d'accord...

MADAME CHARANÇON.

Vous avez entendu?... Eh bien, oui... là... j'ai à me
plaindre d'Hector!...

PANOUFLE.

Quoi... Charançon?...

CHARANÇON.

Mais du tout... du tout...

MADAME CHARANÇON.

Qu'il y fasse attention... qu'il y prenne garde!... Au
premier soupçon... je vous en avertis... je me venge-
rai...

PANOUFLE.

Oh! oh!

MADAME CHARANÇON, pleurant.

Et... on verra ce que c'est que la vengeance d'une
femme outragée.

(Elle passe près d'Henriette.)

PANOUFLE. *

Allons!... allons!... la paix!... Eh! mes amis... qu'est-
ce que vos petits orages intérieurs... en comparaison de
ce qui m'est arrivé aujourd'hui?

MADAME CHARANÇON.

Quoi donc?

CHARANÇON.

Parle!...

PANOUFLE.

Une épopée!... l'Odyssée et l'Iliade ne sont que de la
gnognotte à côté!... Homère est dégotté!... Ce n'est qu'un
chroniqueur de bas étage!...

CHARANÇON.

Tu piques ma curiosité!... Dis-nous un peu...

PANOUFLE.

Impossible!... Je l'essayerais que je ne le pourrais

* Henriette, madame Charançon, Panoufle, Charançon.

pas... et comme je ne le pourrais pas... j'aime mieux ne pas l'essayer... D'ailleurs... je ne suis pas assez sec!... Je ne te demande qu'une chose... le domino! Applique-moi ce baume, et tu auras rempli les devoirs de l'hospitalité.

MADAME CHARANÇON.

Allons, venez... je vais tout préparer!...

ENSEMBLE.

AIR : *de l'Élixir d'amour.*

Le domino nous réclame :
C'est un innocent plaisir ;
il dénote une belle âme...
Ne le faisons pas languir !

(Henriette, Panoufle et Mme Charançon sortent par la droite.)

SCÈNE IV

CHARANÇON, puis BAVOLET.

CHARANÇON, seul.

Ai-je eu peur ?... (Allant à la cheminée.) Otons vite... ces lettres et ce portrait!...

BAVOLET, entrant tout effaré par le fond. *

Sauvez-moi !... protégez-moi... cachez-moi !...

CHARANÇON, se retournant, à part.

Hein?... elle?... ma Suissesse!... ici!... chez moi!... (Haut.) Quelle imprudence !...

BAVOLET.

Ils me cherchent... Homme généreux... secourez une malheureuse victime!...

CHARANÇON.

Rassurez-vous !.... (Écoutant.) On vient... C'est ma femme!... (Le prenant par la main.) Venez par ici... Non... là... Non... Ah! dans l'armoire aux confitures !...

(Il ouvre le placard de gauche.)

BAVOLET.

Oh ! merci!...

(Il va pour entrer et hésite.)

* Bavolet, Charançon.

CHARANÇON.

On n'y tient que de profil... mais ça ne fait rien... en·
trez toujours... Ah!... (Il referme vivement le placard. — Madame Charançon paraît à la porte de droite.— A part.) Ma femme!...
(Il se retourne et s'appuie sur la porte du placard.

SCÈNE V

CHARANÇON, MADAME CHARANÇON, puis PANOUFLE.

MADAME CHARANÇON, entrant.

Allons donc, Charançon!... tout est prêt... les dominos... sont là sur le dos à vous attendre... que faisiez-
vous encore ici... seul?

CHARANÇON.

Moi... je remontais ma montre!...

MADAME CHARANÇON.

Votre montre?... elle est chez l'horloger!...

CHARANÇON, à part.

Aïe.... (Haut.) Ah! elle est bonne!... J'ai dit ma montre?... Elle est très-jolie!... je voulais dire ma bretelle ..
je remontais ma bretelle...

MADAME CHARANÇON, d'un air de doute.

Hector! Hector!...

CHARANÇON.

Voyons, Lodoïska... pas de scène!... je t'en prie!.,.

PANOUFLE, paraissant à la porte de droite. *

Par Jupiter!... les dominos refroidissent!...

CHARANÇON, remontant à droite.

Voilà... voilà... pose toujours!...

PANOUFLE. **

Mais je ne fais que cela de poser!... J'ai mis le double-
six... à ton tour!...

MADAME CHARANÇON, poussant son mari.

Mais allez donc!...

---

* Charançon, madame Charançon, Panoufle.
** Madame Charançon, Charançon, Panoufle.

CHARANÇON, à part.

Pourvu qu'elle n'ouvre pas !

(Il regarde le placard avec inquiétude.)

PANOUFLE.

C'est bien heureux !

(Il entre à droite avec Charançon.

SCÈNE VI

MADAME CHARANÇON, puis UN AUVERGNAT.

MADAME CHARANÇON, seule.

Ah ! je suis bien agitée !... depuis que j'ai trouvé un cheveu sur la manche de son habit... un cheveu de femme... brr !!! Mais on gèle ici... Pourquoi donc voulait-il m'empêcher de faire du feu ?... C'est bizarre. (Elle va à la cheminée et ôte le devant de cheminée.) Hein ? qu'est-ce que c'est que ça ?... (Prenant le portrait.) Un portrait !... (l'examinant) de femme !... (Elle le pose sur une chaise et regarde encore dans la cheminée.) Et ceci ?... (Prenant les papiers.) Des lettres !... Voyons... (Elle en ouvre une et lit.) « Mon vieux bijou, envoyez-moi un billet de mille francs, dont j'ai le plus grand besoin... J'irai demain vous prendre, chez vous ; mais pour éloigner tout soupçon, je m'habillerai en homme, comme d'habitude !... — Votre Olympia !... » Elle ouvre une autre lettre.) Et celle-ci... (Elle lit.) « Mon vieux bijou... je manquerai ce soir mon pas à la Porte-Saint-Martin, afin de me trouver avec vous chez Véfour, cabinet 17. — Votre Olympia. — P. S. N'oubliez pas d'apporter avec vous un billet de mille, dont j'ai le plus grand besoin !... » (Furieuse.) Une Olympia !... une sauteuse !... qui fait danser mes billets de mille !... Et voilà son image !... (Elle montre le portrait.) Et c'est pour un pareil museau qu'il me trompe !... Oh !... j'étouffe !... (On frappe au fond. — S'arrêtant.) On a frappé !...

(Elle va ouvrir la porte du fond.)

UN AUVERGNAT, entrant, une lettre à la main. *
Monsieur Charançon ?...

MADAME CHARANÇON.
C'est moi !

L'AUVERGNAT, hésitant.
C'est une lettre... pour lui seul !

MADAME CHARANÇON.
Puisque je vous dis que c'est moi... savoyard !... Donnez...

L'AUVERGNAT.
Ah! c'est différent, la voici !

(Il donne la lettre.)

MADAME CHARANÇON.
C'est bien!... Il n'y a pas de réponse!... Voilà cinquante centimes pour vous abreuver...

(Elle lui donne une pièce de monnaie.)

L'AUVERGNAT.
Merci... monsieur Charançon.

(Il sort par le fond.)

MADAME CHARANÇON, seule, regardant la lettre.
La même écriture!... Je tremble. (Elle tombe assise près de la table, ouvre la lettre et lit.) « Mon vieux bijou... » (Parlé.) Toujours la même ! (Lisant.) « Le feu vient de prendre dans mon appartement... J'ai besoin de vous voir... Je vais donc venir chez vous tout à l'heure, vous consulter... pour ma police d'assurance... et, en même temps, vous emprunter un billet de mille. — Olympia. » (Se levant.) Encore?... mais elle est insatiable, cette femme!... Ah! la drôlesse!... Elle invente des prétextes!... elle se dé· guise en homme !... Du sang-froid !... elle va venir... surveillons Charançon ! et s'il ose... Allons, allons, du sang-froid !...
(Elle sort par la droite, après avoir remis le portrait et les lettres dans la cheminée, qu'elle referme.)

* Madame Charançon, l'Auvergnat.

7.

SCÈNE VII

BAVOLET, seul, entr'ouvrant le placard.

Ah! je n'entends plus rien... respirons un peu. (Il sort tout à fait.) L'ai-je échappé belle?... Au détour d'une rue, j'ai glissé des mains des agents... J'ai couru... on me poursuivait... Tout à coup, j'ai songé, en passant rue des Marmousets... à l'invitation de ce monsieur qui m'avait donné sa carte à Fontainebleau... (Il tire la carte de sa poche et la regarde.) « Charançon! » Il a l'air d'un brave homme... quoique un peu original... Ici, au moins, je suis en sûreté. Je ne crains plus qu'on me poursuive avec ce portrait d'Espagnol!... Qu'est-ce que j'ai donc fait à l'Espagne, grand Dieu?

(Charançon entre vivement et sans faire de bruit, par la droite. — Il court au placard, l'ouvre, et, tout étonné de n'y trouver personne, se retourne et aperçoit Bavolet.)

SCÈNE VIII

CHARANÇON, BAVOLET.

CHARANÇON.

Ah! la voilà!... Je me suis esquivé sous un prétexte des plus ingénieux; ma femme a des soupçons... elle avait le nez blanc... et, généralement, quand les femmes ont le nez blanc...

BAVOLET.

Comment?

CHARANÇON.

Oui... Et si elle savait... elle vous tuerait!...

BAVOLET.

Elle me tuerait?...

CHARANÇON, l'examinant.

Heureusement que ce costume vous sauve... Savez-vous que vous portez l'habit admirablement?...

BAVOLET.

Je le porte assez bien. (A part.) Il a une conversation bien décousue.

CHARANÇON.

Dites-moi?... de quel canton êtes-vous?

BAVOLET, étonné.

De quel canton?

CHARANÇON.

Est-ce de celui d'Uri ou de celui de Vaud?

BAVOLET, à part.

Qu'est-ce qu'il a donc à me parler d'*Uri, de Vaud?*...

CHARANÇON, avec explosion.

O Kettly!

BAVOLET, stupéfait.

Kettly!... mais, monsieur...

CHARANÇON, vivement.

Ne me dites pas votre nom?... je ne veux pas le savoir... (Avec passion.) Laisse-moi t'appeler Kettly!...

BAVOLET, se reculant à part.

Ah çà! mais il est fou!

CHARANÇON, soupirant.

Oh! vous ne saurez jamais combien de fois j'ai pensé à vous!

BAVOLET.

Vous êtes bien bon, mais...

CHARANÇON.

Laissez-moi vous dire... (Ecoutant.) Ma femme!... (Le faisant passer à gauche, bas.) * Dissimulez les grâces de votre personne!...

BAVOLET.

Comment, que je... (A part.) La drôle de maison!

SCÈNE IX

LES MÊMES, MADAME CHARANÇON.

MADAME CHARANÇON, entrant par la droite. **

Hector!... (Apercevant Bavolet.) Tu es avec quelqu'un?...

* Bavolet, Charançon.
** Bavolet, Charançon, madame Charançon.

CHARANÇON.

Oui, Lodoïska... c'est...

MADAME CHARANÇON, à part, en examinant Bavolet.

C'est elle!... en habits d'homme!... comme d'habitude!...

CHARANÇON, avec embarras.

Je vais te dire... C'est aujourd'hui liquidation... tu sais .. je t'en parlais encore tout à l'heure... et monsieur... (Montrant Bavolet.) est le quart de mon agent de change!... il m'apporte mon bordereau... C'est bien simple, n'est-ce pas ?

MADAME CHARANÇON.

Très-simple !

CHARANÇON.

Je vais le reconduire... tu permets ?...

MADAME CHARANÇON.

Je m'en charge !... Va retrouver... ton ami... il boude sur le quatre... Va... Hector.

CHARANÇON.

J'y vais. (A part.) Ah ! je suis dans mes petits souliers !... Haut.) Nous disons qu'il boude sur...

MADAME CHARANÇON.

Sur le quatre... va... Hector !

CHARANÇON, à Bavolet.

Jeune homme... mon épouse... va vous mettre à la p... non... va vous reconduire... (Bas à Bavolet.) Dissimulez plus que jamais les grâces de votre personne !...

MADAME CHARANÇON, à part.

Il lui a parlé bas !

BAVOLET, à part.

Quelle drôle de maison !

AIR *de Nabuco*.

MADAME CHARANÇON.	CHARANÇON.
Oui, j'aurai du caractère ;	J'ai peur, je ne puis m'en taire...
Il me faut tout découvrir,	Comment ça va-t-il finir ?
Et s'il existe un mystère,	Ma femme, de ce mystère,
Je saurai l'approfondir.	Va-t-elle tout découvrir ?

BAVOLET.

J'ai peur, je ne puis m'en taire...
Que vais-je ici devenir ?
On agit avec mystère :
Comment ça va-t-il finir ?

(Charançon sort par la droite.)

SCÈNE X

BAVOLET, MADAME CHARANÇON.

MADAME CHARANÇON, à part.

Soyons calme... (Haut, à Bavolet, en lui avançant une chaise.
Pardon... monsieur... (Elle appuie sur ce dernier mot.) veuillez
vous asseoir... nous avons à causer.

BAVOLET.

Merci ! Je ne suis pas fatigué !..

MADAME CHARANÇON, le faisant asseoir rudement.

Asseyez-vous donc... quand on vous en prie !...

BAVOLET, abasourdi, à part.

Quelle poigne ! Ne l'irritons pas !...

MADAME CHARANÇON, à part, s'asseyant.

Soyons calme... (Haut et d'un air câlin.) A qui ai-je l'honneur de parler ?

BAVOLET.

Mais...

MADAME CHARANÇON.

Votre nom d'abord ?... (A part, en regardant Bavolet.) Elle
est affreuse, cette femme !... (Haut et mielleusement.) Votre
nom, *if you please !*...

BAVOLET.

Je m'appelle Bavolet.... je suis du Morbihan... ma
famille, sans être précisément riche, n'est pas à son
aise... (A part.) Comme moi, en ce moment !...

MADAME CHARANÇON.

Très-bien !

BAVOLET, se levant.

Permettez-moi, maintenant...

MADAME CHARANÇON, le faisant se rasseoir durement.

Un moment !

BAVOLET, à part.

Quels muscles !

MADAME CHARANÇON.

J'aurais besoin de quelques renseignements. (A part.) Ah ! tu te fais passer pour une... portion d'agent de change !... Je vais te pincer. (Haut.) Qu'est-ce qu'on fait au boulevard ?

BAVOLET.

Au boulevard?

MADAME CHARANÇON.

Oui !...

BAVOLET.

Mais... (Tirant sa montre) il est onze heures... on doit fermer les boutiques... et je vais...

(Il veut se lever.)

MADAME CHARANÇON, le faisait se rasseoir)

Restez donc !... Passons à autre chose... Que deviennent les Petites Voitures?

BAVOLET, étonné.

Les... petites !...

MADAME CHARANÇON.

Les Petites Voitures, quoi?

BAVOLET.

Ah !... oui... Dame, c'est la sortie des spectacles... il brouillasse... et je crois que les petites voitures ne tarderont pas à rouler.

MADAME CHARANÇON, se levant.

Assez !... vous ne savez pas votre rôle... assez !

BAVOLET.

C'est cela... assez : je suis de cet avis-là.

(Il se lève.)

MADAME CHARANÇON, lui prenant le bras.

Avouez-moi que vous êtes venue ici sachant y trouver mon mari...

BAVOLET.

Ça, c'est vrai.,.

MADAME CHARANÇON, à elle-même.

Elle l'avoue.... (Haut.) Misérable!... (Elle avance sur lui; il recule devant elle en tournant et passe à droite.) * Te faufiler dans mon intérieur... pour y soutirer des billets de mille!... Tu les aimes donc bien, les billets de mille?

BAVOLET

Dame, oui!... mais ce n'est pas pour ça...

MADAME CHARANÇON.

Va, va, tu n'es qu'une pêche à quinze sous!

BAVOLET.

Madame!...

MADAME CHARANÇON.

On a de tes nouvelles... chez Véfour!

(Elle lui pince le bras.)

BAVOLET.

Chez Véfour... oh!...

MADAME CHARANÇON.

Cabinet 17!

(Elle le pince.)

BAVOLET.

Dix-sept! oh!...

MADAME CHARANÇON.

Tu es pincée.

(Elle pince Bavolet.)

BAVOLET.

Oh! oui! je suis pincé!... trop, même!

(Il veut remonter.)

MADAME CHARANÇON.

Ne bouge pas!

* Madame Charançon, Bavolet.

BAVOLET.

Mais...

MADAME CHARANÇON.

Ne bouge pas!... j'ai besoin de toi... pour un coup d'éclat... une chose décisive... Où te fourrerais-je?
(Elle traine Bavolet par la cravate et lui fait faire le tour du théâtre.

BAVOLET.

Mais, arrêtez!

MADAME CHARANÇON, le traînant toujours.

Tais-toi, ou j'appelle la garde!... Dans la cuisine?... non... Ici?... non! Ah! dans l'armoire aux confitures!...

BAVOLET.

Encore!...

MADAME CHARANÇON, ouvrant le placard en y fourrant Bavolet.

Tu y seras mal?... Allons donc!... pas de manières... (Fermant le placard.) Là!... le verrou!... Et maintenant... allons chercher des voisins... Un flagrant délit!... une séparation!... oui... une séparation de biens... et de corps!... (Prenant le portrait dans la cheminée.) Voilà mon témoin!...

(Elle sort vivement par le fond, en emportant le portrait,)

SCÈNE XI

PANOUFLE, puis BAVOLET.

PANOUFLE, entrant par la droite, tout agité.

Que veut dire Charançon... avec ses phrases entrecoupées?... « Evite une catastrophe!... Ma femme!... la vengeance!... Va vite!... » (On entend Bavolet geindre dans le placard.) On a geint là!...

(Il va ouvrir le placard.)

BAVOLET, entrant.

Oh! merci!... j'étouffais!... (Reconnaissant Panoufle.) Hein?...

* Bavolet, Panoufle.

PANOUFLE, avec éclat.

Encore lui !... toujours lui !... lui partout !...

(Il tombe assis près de la table, à droite.)

BAVOLET.

Je vais vous dire...

PANOUFLE.

Attends !... que je me recueille !... (A lui-même.) Une catastrophe !... un malheur !... Madame Charançon, qui parlait de vengeance !...

BAVOLET.

Voilà comment ça s'est fait !...

PANOUFLE.

Laisse-moi finir ! (A lui-même.) Plus de doutes !... Elle s'est vengée... (Haut.) et c'est toi !... (Se levant, et avec autorité.) Tu es son amant !

BAVOLET.

Moi?... A qui?

PANOUFLE

Mais il te les faut donc toutes?... Phrasie !... la comtesse!... ma nièce!... et madame Charançon!

BAVOLET.

Horreur!...

PANOUFLE.

Oh! tu as horreur de toi-même!... Venir mettre le trouble dans un ménage!...

BAVOLET.

Mais, je vous jure...

PANOUFLE.

Par Jupiter!... n'ajoute pas un mot... ou je te broie!... je te hache... menu... menu comme chair à pâté!...

BAVOLET, avec désespoir.

Mais où suis-je? ,

PANOUFLE.

Ah! tu n'es pas dans de beaux draps!... (Écoutant.) Du bruit? une robe de soie? ta victime, madame Charançon... Rentre dans ton trou !

(Il lui désigne le placard.)

BAVOLET.

Toujours l'armoire aux confitures!...

PANOUFLE.

A ce trou!... à ce trou! (Il le pousse vers le placard.) Je ne veux pas que madame Charançon ait à rougir devant moi, en me trouvant avec son complice!... J'ai ma pudeur aussi, moi!... (L'enfermant dans le placard.) A ce trou!...

SCÈNE XII

PANOUFLE, LA COMTESSE.

LA COMTESSE, entrant par le fond, avec un manteau.

Monsieur Charançon, s'il vous plaît?

PANOUFLE.

La comtesse!... (A part.) Ah! je devine... elle se sera doutée que son mari... (Haut.) Madame...

LA COMTESSE, le reconnaissant.

Vous?

PANOUFLE.

Moi !

LA COMTESSE.

Je viens...

PANOUFLE.

Je sais tout...

LA COMTESSE.

Comment ?...

PANOUFLE.

Vous le cherchez?

LA COMTESSE.

Oui.

PANOUFLE.

Il est ici...

LA COMTESSE.

Je veux le voir! (Van-Truffel et Baltimore entrent par le fond.)

SCÈNE XIII

PANOUFLE, VAN-TRUFFEL, BALTIMORE,
LA COMTESSE, puis BAVOLET.

VAN-TRUFFEL et BALTIMORE

Nous voici ! (Ils s'arrêtent au fond.)

LA COMTESSE.

Que signifie ?

BALTIMORE.

Nous savons tout !

VAN-TRUFFEL.

Il est ici !

LA COMTESSE.

Qui ?

BALTIMORE.

Votre mari !...

LA COMTESSE, avec étonnement.

Ah ! bah !... Et qu'en voulez-vous faire ?

VAN-TRUFFEL, descendant à gauche.

Nous avons à régler un petit compte...

BALTIMORE, * descendant à droite.

Une affaire à liquider !

PANOUFLE.

Un instant ! Je crois que le quart d'heure est venu...
(Allant à la comtesse.) Madame la comtesse, un mot, s'il vous
plaît ?...Vous ne tenez pas essentiellement à votre mari ?...

LA COMTESSE.

Ma foi, non !

PANOUFLE.

Bien !... Vous, messieurs, je crois que votre in'ention
est de lui dédier une tripotée ?

VAN-TRUFFEL et BALTIMORE.

Oh ! oui !...

---

* Van-Truffel, Panoufle, la comtesse, Baltimore.

PANOUFLE.

Alors, le moment de le traîner aux gémonies est arrivé!... Ayons donc du courage !

VAN-TRUFFEL et BALTIMORE.

Nous en avons!

PANOUFLE.

Le seul!... le vrai!... le courage civil! Je vous dénonce le comte... Il est là !

(Il désigne le placard.)

BALTIMORE.

Il est là?...

(Il passe à gauche.)

VAN-TRUFFEL, ouvrant le placard. *

Sortez, monsieur!... sortez!...

BAVOLET, sortant du placard.

Me voilà!... (Voyant Van-Truffel et Baltimore.) Oh !...

BALTIMORE, le saisissant par le bras. **

Je te tiens donc!...

SCÈNE XIV

LES MÊMES, CHARANÇON, puis MADAME CHARANÇON, puis HENRIETTE.

CHARANÇON, entrant par la droite. ***

Arrêtez!

TOUS.

Hein !

CHARANÇON, s'avançant.

Messieurs, c'est une femme ! (A part.) Oh! Olympia !

LA COMTESSE, à part.

Charançon!

VAN-TRUFFEL, BALTIMORE et PANOUFLE.

Une femme!

---

* Van-Truffel, Baltimore, Panoufle, la comtesse.
** Van-Truffel, Bavolet, Baltimore, la comtesse.
*** Van-Truffel, Bavolet, Baltimore, Charançon, Panoufle, la comtesse.

MADAME CHARANÇON, qui vient d'entrer par le fond, avec le portrait qu'elle pose tout droit sur la table. *

Et voici son portrait !...

TOUS.

Oh !

(Henriette entre par la droite et descend entre Panoufle et la comtesse. — Bavolet passe près de la table.)

ENSEMBLE. **

AIR *de la Bonne sanglante* (3e acte).

Ah ! grand Dieu ! singulière aventure !
Ah ! pour moi quelle triste aventure !   .
C'est un roman bien mystérieux !

C'est bien là toute ⎰ sa ⎱ portraiture.
              ⎱ ma ⎰

C'est ⎰ son ⎱ nez ! C'est ⎰ sa ⎰ (bouche et ⎰ ses ⎱ yeux !
      ⎱ mon ⎰   ⎱ ma ⎱   ⎱ mes ⎰

(Charançon descend entre Baltimore et Bavolet. — La musique continue à l'orchestre.)

PANOUFLE,*** allant à Bavolet, avec indignation.

Comment, petite malheureuse ! tu es une femme... et tu es le mari de la comtesse ? Tu es une femme... et tu en contes à ma nièce... à madame Charançon ? Tu es une femme... et tu es père de trois enfants ? Mais tu bouleverses toutes mes idées en botanique !...

BAVOLET.

Mais je suis Bavolet !...

MADAME CHARANÇON.

Ou Olympia !

VAN-TRUFFEL et BALTIMORE.

Ou Las Bergas !

PANOUFLE.

Ou Crochard !

---

* Van-Truffel, Bavolet, Baltimore, Charançon, madame Charançon, Panoufle, la comtesse.

** Van-Truffel, Baltimore, Bavolet, Charançon, madame Charançon, Panoufle, Henriette, la comtesse.

*** Van-Truffel, Baltimore, Charançon, Bavolet, Panoufle, madame Charançon, Henriette, la comtesse.

CHARANÇON, à part.

Ou Kettly !

BAVOLET.

Comment vais-je sortir de là ?

SCÈNE XV

LES MÊMES, JOSEPH.

JOSEPH, * sa lettre à la main, entrant par le fond.

Monsieur Panoufle !... monsieur Panoufle !...

PANOUFLE.

Tiens, Joseph !

JOSEPH.

Ah !... vous voilà... Il y a huit jours que je vous cherche... J'ai un peu flâné... Tenez...

(Il lui remet la lettre.)

PANOUFLE.

Qu'est-ce que c'est que ça ?... Une lettre !... Messieurs.
c'est une lettre !... Voyons ! (Il lit.) Que lis-je ? Crochard
est retourné à Tours... Mais alors...

BAVOLET.

Mais alors, je suis Bavolet !... Voilà huit jours que je
cherche à vous le prouver !

BALTIMORE.

Mais ce portrait d'Espagnol ?...

CHARANÇON.

Celui de la Suissesse ?

JOSEPH.

Je connais l'histoire...

PANOUFLE.

Tu la connais ?... Je te prends à mon service... tu
me la raconteras à moi seul...

(Joseph remonte et reste derrière la table.)

---

* Van-Truffel, Baltimore, Charançon, Bavolet, Joseph, Panoufle,
madame Charançon, Henriette, la comtesse.

BAVOLET, à Panoufle.

Et maintenant, monsieur, que le hasard, déguisé en domestique, est venu me blanchir...

(Charançon passe près de sa femme ; Joseph passe à l'extrême droite.)

HENRIETTE, passant près de son oncle. *

Mon oncle, mon petit oncle!...

PANOUFLE, à Bavolet.

Puisque tu es blanchi, je te la repasse!...

(Il fait passer Henriette près de Bavolet.)

BAVOLET. **

Oh! merci!...

LA COMTESSE, à part.

Ils font leurs petites affaires... Eh bien!... et moi?...

(Elle remonte et passe près de Baltimore.)

MADAME CHARANÇON, à son mari.

Mais dans tout ça... cette image de femme? ces lettres?...

CHARANÇON, à part.

Aïe!

PANOUFLE, bas à Charançon.

Je comprends tout... je te sauverai! (Haut, en passant près de madame Charançon.) C'était pour moi!... (Bas.) Ne dites rien, à cause de ma nièce.

LA COMTESSE, à Baltimore et à Van-Truffel. ***

Eh bien, messieurs, me voilà veuve et en disponibilité...

VAN-TRUFFEL.

Aussi, comtesse, dès demain...

BALTIMORE.

Dès aujourd'hui...

* Van-Truffel, Baltimore, Bavolet, Panoufle, Henriette, Charançon, madame Charançon, la comtesse, Joseph.

** Van-Truffel, Baltimore, Bavolet, Henriette, Panoufle, Charançon, madame Charançon, la comtesse, Joseph.

*** Van-Truffel, Baltimore, la comtesse, Bavolet, Henriette, Charançon, Panoufle, madame Charançon, Joseph.

LA COMTESSE.

Arrangez-vous au moins pour qu'il m'en reste un !

BALTIMORE, à part.

Je retourne en Californie.

VAN-TRUFFEL, à part.

Je file en Hollande.

MADAME CHARANÇON, bas à Panoufle.

Eh bien, et vous... vous ne vous proposez pas pour mari, mauvais sujet ?...

PANOUFLE, bas.

Non... (A part.) J'aime mieux être son amant de cœur !

CHOEUR FINAL.

AIR *final des Économies de Cabochard.*

Qu'un heureux mariage
Ici comble les vœux
De ces deux jeunes amoureux !
Pour entrer en ménage,
De sincères amours
Leur apporteront de beaux jours.

FIN

Paris. — IMP. DE LA LIBRAIRIE NOUVELLE. — A. Bourdilliat, 15, rue Breda.